四川省教育科研资助金项目一般课题
"构建幼儿园户外体育区域活动园本课程的研究"课题成果
课题批准号：川教厅办函（2016）56号

幼儿园支架式户外体育区域自主活动体系的构建与实施

编著者　陈　彬　张　敏　朱莉玲　凌　芝

参编者　蒋海鹰　曾　红　张会芳　陈　香

　　　　赖　聪　王一玉　阳雪梅　张健敏

　　　　彭婉婷

吉林大学出版社

·长春·

图书在版编目（CIP）数据

幼儿园支架式户外体育区域自主活动体系的构建与实施 / 陈彬等编著 .— 长春 ： 吉林大学出版社，2021.9
ISBN 978-7-5692-8700-4

Ⅰ．①幼… Ⅱ．①陈… Ⅲ．①活动课程－学前教育－教学参考资料 Ⅳ．① G613.7

中国版本图书馆 CIP 数据核字（2021）第 173054 号

书　　名：幼儿园支架式户外体育区域自主活动体系的构建与实施
YOU'ERYUAN ZHIJIASHI HUWAI TIYU QUYU ZIZHU HUODONG TIXI DE GOUJIAN YU SHISHI

作　　者：陈　彬　等　编著
策划编辑：邵宇彤
责任编辑：高珊珊
责任校对：赵雪君
装帧设计：优盛文化
出版发行：吉林大学出版社
社　　址：长春市人民大街 4059 号
邮政编码：130021
发行电话：0431-89580028/29/21
网　　址：http://www.jlup.com.cn
电子邮箱：jdcbs@jlu.edu.cn
印　　刷：定州启航印刷有限公司
成品尺寸：185mm×260mm　　16 开
印　　张：11.5
字　　数：246 千字
版　　次：2021 年 9 月第 1 版
印　　次：2021 年 9 月第 1 次
书　　号：ISBN 978-7-5692-8700-4
定　　价：59.00 元

前　言

　　学前教育是基础教育的重要组成部分，关系到人一生的发展。幼儿体育是学前教育的重要组成部分，从幼儿身心发展的特点来看，学前幼儿正处在人生刚刚起步的阶段，促进幼儿身体健康发展乃是此时期的首要任务。《幼儿园工作规程》《幼儿园教育指导纲要（试行）》等政策性文件中明确提出"实施德、智、体、美诸方面全面发展的教育，促进幼儿身心和谐发展""幼儿园必须把保护幼儿的生命和促进幼儿的健康放在工作的首位"。

　　随着各种政策性文件的贯彻落实，"幼儿主体性发展"逐渐成为幼儿教育的主要目标。幼儿园户外体育区域自主活动具有环境的开放性、选择的自主性、目标的层次性、内容的丰富性、组织的灵活性等特点，能够充分发挥幼儿的主体性，让幼儿自由结伴、自选材料、自主开展体育活动，保障幼儿的身体健康发展。通过开展支架式户外体育区域自主活动，为幼儿体育区域自主活动提供支持，支持幼儿按自己意愿自发生成游戏，帮助幼儿穿越"最近发展区"，满足幼儿自主性发展的需要，助推幼儿在"小步递进"中的自我发展，为幼儿后续的发展奠定基础。

　　鲁家园幼儿园是一所百年老园（始建于 1905 年），是四川省最早开办的近代幼儿教育机构。百年前，创始人唐彼美提出了要培养幼儿"健全身心"和"耐苦精神"，在百年的传承与坚守中，我们秉持"培养幼儿健全身心"的办园理念，致力于健康教育的研究与探索，形成了健康教育特色，"幼儿园支架式体育区域自主活动体系的构建与实施"是健康教育的又一实践探索。

　　在 2013—2021 年间，我们开展了幼儿园户外体育区域自主活动的研究，主要经历了三个阶段：

　　2013 年，我们针对当时鲁家园幼儿园户外运动场地不足、幼儿运动受限的问题，提出体育区域活动是解决幼儿园场地不足的一种有效方式，开展了第一阶段的研究——幼儿园体育区域活动的实践研究，解决了幼儿园场地不足的问题。

　　在不断地实施和研究中，发现教师对幼儿活动控制过多、不敢放手，为此我们提出解放儿童，放手游戏，开展了第二阶段的研究——幼儿园户外体育区域自主活动的研究，解决了教师指导过多、控制过多的问题。

但是，教师在放手的同时走向了另一个极端：对幼儿的自主活动不敢指导、不会指导，步入了放任自主的误区。针对实践现状，开始了第三阶段的研究。我们提出，支持幼儿的自主发展不等于放任，不意味着对教师作用的否定，为此我们重塑幼儿自主发展理念，提出搭建支架，为幼儿体育区域自主活动提供支持，促进幼儿的自主学习与充分发展。

从控制过多到放任式自主再到支架式自主，我们不断实践反思，转变观念，努力将活动的自主权真正还给幼儿，同时在课题研究中将教师发展与户外体育区域活动组织、实施的研究并进，使教师的研训与户外体育区域活动组织、实施的现场研修、理论研究与实践研究同行，在为幼儿成长搭建支架的同时，也为教师成长搭建起了支架。

本书是四川省普教科研课题——"构建幼儿园户外体育区域活动园本课程的研究"的研究成果，是宜宾市市级科研课题"幼儿园体育区域活动的实践研究"的继续和深化。全书共分五章，第一章为实践困境，介绍了支架式户外体育区域自主活动的缘起；第二章为理念重构，明晰了支架式户外体育区域自主活动体系理念与价值追求；第三章为现实映照，是对户外体育区域自主活动体系构建的探索；第四章为突破壁垒，用大量的研究案例实证，论述幼儿园支架式户外体育区域自主活动组织与实施的策略；第五章为共生共长，展示了教师面对问题、解决问题的实践探索过程和教育智慧。

编撰《幼儿园支架式户外体育区域自主活动体系的构建与实施》一书，旨在回顾8年课题研究历程，总结我们在户外体育区域自主活动探索中的成果和心得，是对幼儿园贯彻实施《幼儿园教育指导纲要（试行）》《3~6岁儿童学习与发展指南》、促进幼儿自主发展、提升教师专业水平、提升幼儿园课程质量的又一次盘点和分析，也是对幼儿园办园传统文化的传承与创新，希望本书能对广大教师开展体育区域自主活动有所启迪和参考。

8年的课题研究工作是艰辛的，而收获是甘甜的。研究取得的成绩将增强我们进一步研究的信心；研究中存在的问题将成为我们进一步研究的起点，我们会越做越好！

感谢我的团队成员参与编写工作，他们是主编朱莉玲、张敏、凌芝，副主编蒋海鹰、曾红、张会芳、陈香、赖聪、王一玉，参与编写人员阳雪梅、张健敏、彭婉婷，提供案例和论文的人员有郑爱萍、李敏、谢敏、王会、唐红、游兰、凌姝、李莉、何潞潞、张圆圆、肖昌亮、张雪梅，感谢四川省宜宾市教育科学研究所教育发展改革研究室主任黄绪富老师，他对本书的理论部分所做的指导与把关以及给予的鼓励也让我们有了前行的信心。

"幼儿园支架式户外体育区域自主活动体系的构建与实施"课题负责人　陈彬

2021年5月

目　录

第一章　实践困境：支架式户外体育区域自主活动的缘起

第一节　户外体育区域活动的价值发现

一、开展户外体育区域活动的背景

（一）政策之基：促进幼儿身体健康是学前教育阶段的首要任务

学前教育阶段是幼儿体质和心理发展的奠基期，促进幼儿身体健康是学前教育阶段的首要任务。国家颁布的《幼儿园工作规程》《幼儿园教育指导纲要（试行）》《3~6岁儿童学习与发展指南》等关于幼儿教育的纲领性文件，总目标都指向"促进幼儿德、智、体、美的全面发展"，始终将幼儿的身体健康排在第一位，强调没有"体"的发展，"德、智、美"就没有完善的可能。

2016年施行的《幼儿园工作规程》明确指出，幼儿园的任务是"贯彻国家的教育方针，按照保育与教育相结合的原则，遵循幼儿身心发展特点和规律，实施德、智、体、美等方面全面发展的教育，促进幼儿身心和谐发展。"

2001年，教育部印发的《幼儿园教育指导纲要（试行）》指出："幼儿园必须把保护幼儿的生命和促进幼儿的健康放在工作的首位。""培养幼儿对体育活动的兴趣是幼儿园体育的重要目标，要根据幼儿的特点组织生动有趣、形式多样的体育活动，吸引幼儿主动参与。""用幼儿感兴趣的方式发展基本动作，提高动作的协调性、灵活性。在体育活动中，培养幼儿坚强、勇敢、不怕困难的意志品质和主动、乐观、合作的态度。""开展丰富多彩的户外游戏和体育活动，培养幼儿参加体育活动的兴趣和习惯，增强体质，提高对环境的适应能力。"由此可见，促进幼儿的身心健康已经日益成为幼教界关注的重要内容，把幼儿的健康放在幼教工作的首位已经成为幼教界的共识。同时，《幼儿园教育指导纲要（试行）》强调幼儿园的体育活动必须适合幼儿的年龄特点，要以幼儿感兴趣的方式，组织生动有趣的活动，吸引幼儿主动参与，让幼儿获得适宜适当的发展。

2010年，国家制定了《国家中长期教育改革和发展规划纲要（2010—2020年）》，提出"全面实施素质教育，推动教育事业在新的历史起点上科学发展"，并强调"学前教育对幼儿身心健康、习惯养成、智力发展具有重要意义"。这是进入 21 世纪以来中国第一个教育改革发展规划纲要，是指导教育改革发展的纲领性文件，对素质教育、学前教育提出了明确要求。

2012 年，教育部出台《3~6 岁儿童学习与发展指南》，强调"开展丰富多样、适合幼儿年龄特点的各种身体活动""幼儿每天的户外活动时间一般不少于两小时，其中体育活动时间不少于 1 小时，季节交替时要坚持"。

2016 年开始，"全民健身"计划、"健康中国"战略、"五育并举"思想引领着幼儿体育发展。2016 年 3 月，习近平在中央全面深化改革领导小组（现为中国共产党全面深化改革委员会）讨论会议中提出"儿童健康事关家庭幸福和民族未来"。2016 年 6 月，国务院印发的《全民健身计划（2016—2020 年）》首次提出开展幼儿体育，将幼儿体育纳入基本公共体育服务的范畴。2016 年，中共中央、国务院印发《"健康中国 2030"规划纲要》，提出实施"健康儿童计划"。2019 年，《中共中央国务院关于深化教育教学改革全面提高义务教育质量的意见》明确提出，要"培养德智体美劳全面发展的社会主义建设者和接班人""坚持'五育'并举，全面发展素质教育"。

由此可见，保障幼儿体育活动的时间、激发幼儿对体育活动的兴趣、引发幼儿主动开展体育活动、培养幼儿良好运动习惯、增强幼儿体质、促进幼儿的身心全面和谐发展是国家政策对幼儿体育的要求。

（二）幼儿之需：体育对幼儿健康发展具有重要价值

幼儿期是幼儿生长发育十分迅速的时期，体育不仅能促进幼儿身体的健康发展，还对幼儿的认知、心理、个性及社会性发展水平具有积极的影响。对于生长发育十分迅速的幼儿而言，体育运动更是具有重要的价值。

首先，运动可以提高幼儿的代谢水平，发展体能，促进幼儿身体、动作的发展，提高对环境的适应能力。

其次，运动能促进幼儿认知的发展。相关研究证明，幼儿身体运动能力的发展与智力发展之间的关系是非常密切的，且年龄越小，相关程度越高，通过各种身体运动，可以获得丰富的知识和运动经验，使他们的知觉、观察、语言、记忆力、想象力、思维能力和判断力得到提高。

最后，运动对幼儿的个性的形成具有重要影响，能有效提高幼儿的社会适应能力和人际交往能力。运动能使人心情开朗、精神振奋、积极活泼，尤其是幼儿期的运动经验，对个性的形成具有重要影响。幼儿在运动中需要学会与人友好合作、遵守游戏规则、克服冲动、学会等待和忍耐，懂得分享，具有公平竞争意识和团队精神及责任感等。

（三）时代之趋："幼儿主体发展"成为时代趋势

20世纪80年代开始，教育界对主体性发展理论展开了广泛的讨论和研究。美国著名精神分析学家埃里克森提出，2~6岁是发展儿童的自主性和主动性的重要时期。近20年来，"幼儿主动学习"的教育观念已经深入人心，也是学前教育教学改革的一个方面，关注幼儿主动学习也就是关注幼儿主体性的发展。

"幼儿的主体性"是指幼儿能根据自己的内在需求，自己决定做什么和怎么做。具体在活动过程中体现为三个方面的特征：一是幼儿是独立、自主的人，他们能自己支配自己的思想和行为，不依赖他人；二是幼儿是具有主观能动性的人，具体表现为能积极主动参与活动；三是幼儿是具有探究、创造性的个体，它表明幼儿在各种活动中具有探索未知、追求新的活动方式和活动成果的内在需求和志向，具有无限可能的创造潜力。幼儿主体性的发展标志着幼儿健全人格和良好社会性的发展。

从《幼儿园教育指导纲要（试行）》到《3~6岁儿童学习与发展指南》的颁布，都非常关注儿童主体性的发展。

《幼儿园教育指导纲要（试行）》指出："幼儿园教育应尊重幼儿的人格和权利，尊重幼儿身心发展的规律和学习特点，以游戏为基本活动，保教并重，关注个别差异，促进每个幼儿富有个性的发展。""既要高度重视和满足幼儿受保护、受照顾的需要，又要尊重和满足他们不断增长的独立要求，避免过度保护和包办代替，鼓励并指导幼儿自理、自立的尝试。""幼儿园的教育活动，是教师以多种形式有目的、有计划地引导幼儿生动、活泼、主动活动的教育过程。"

《3~6岁儿童学习与发展指南》在说明中提出："理解幼儿的学习方式和特点。""珍视游戏和生活的独特价值，创设丰富的教育环境，合理安排一日生活，最大限度地支持和满足幼儿通过直接感知、实际操作和亲身体验获取经验的需要。""重视幼儿的学习品质。……充分尊重和保护幼儿的好奇心和学习兴趣，帮助幼儿逐步养成积极主动、认真专注、不怕困难、敢于探究和尝试、乐于想象和创造等良好学习品质。"

从上述教育文件的内容中可以看出，"自主""主动""积极"等词汇已经成为幼儿教育的核心内容。

（四）可行之路：户外体育区域活动成为"突破口"

鲁家园幼儿园始建于清光绪三十一年（1905年），是四川省最早的教育机构。它发轫于教会学校，百年前，创始人唐彼美主张"规模应小，只教幼儿唱歌、做手工、游戏、讲故事等"，尊重幼儿的身心特点和学习特点，强调要"培养儿童的健全身心"和"耐苦精神"。在百年的传承与坚守中，鲁幼人秉持"培养幼儿健全身心"的办园理念，树立了"大健康"教育理念，形成了"健康教育"的办园特色。

围绕"生态教育、特色翠屏"理念，2010年，翠屏区教育局积极推进区内中小学、幼儿园的"一校一品"区域特色学校建设。鲁家园幼儿园秉持"培养幼儿健全身心"的办园理念，确定了"实施健康教育，启航幸福人生"特色主题，通过实施"健康校园工程、健康教师工程、健康活动工程、健康课程工程、健康评价工程"五大工程，取得了明显的成效，凸显了健康特色，2013年成功创建了翠屏区 AA 级特色学校。

在教育实践中，我们遵循"从整体着眼、局部入手"的特色创建思路，以体育特色项目为切入点，推进幼儿园特色创建。但是，随着幼儿园声誉的逐步提升，生源不断扩大，幼儿园又位于宜宾市老城区的中心，面积无法拓展，户外场地分散且分布不均，运动区域资源开发不足，不能够保证政策文件中要求的每天两小时的户外活动和每天一小时体育锻炼的时间，也不能满足幼儿充分运动的需求，影响了幼儿园体育活动的开展。

实践中，我们发现，体育区域活动是一种具有自主性、丰富性、多样性、针对性、灵活性的自主式的体育活动形式，它并不强调集体的、统一的活动，对场地、时间的要求也比较灵活，更能考虑到幼儿的兴趣、爱好，给幼儿提供足够的自由活动空间，在促进幼儿动作发展的同时，有利于培养幼儿的独立性、自主性及合作交往能力。体育区域活动形式顺应了《幼儿园教育指导纲要（试行）》《3~6 岁儿童学习与发展指南》提出的"以幼儿发展为本"的理念，把体育活动的主动权交给了幼儿，让幼儿在良好的体育活动环境中自主构建对运动的态度、技能、知识、情感等。体育区域活动可以有效解决幼儿园体育活动开展中存在的问题，提升教师的专业能力，使幼儿获得有效的锻炼和发展，促进幼儿的健康发展，同时能成为特色创建的突破口。开展幼儿园体育区域活动实践是幼儿园发展的需求，也是幼儿园"健康教育"特色活动的重要组成部分。

二、户外体育区域活动的特点与价值

体育区域活动是一种根据幼儿园环境，因地制宜地把各种不同的场地创设成不同的运动区域，投放不同的材料，让幼儿自由结伴、自选内容、自主活动的体育活动形式。

（一）户外体育区域活动的特点

1. 环境的开放性

户外体育区域活动的各个区域设置因地制宜，各区域对幼儿来说是完全开放的，活动的时间、空间、玩具材料对幼儿来说是开放和共享的，幼儿可以根据自己的兴趣和活动需要，自由选择活动区域。

2. 选择的自主性

在体育区域活动中，幼儿能够完全自主、自愿地发起自己感兴趣的游戏活动，哪里玩、玩什么、怎么玩、和谁玩都由幼儿自己决定，通过自由结伴、自选内容、自主活动，最大限度地实现幼儿游戏的自主。

3．目标的层次性

户外体育区域活动的目标隐含在场地设置及材料投放中，通过调节材料投放来体现不同层次的目标，幼儿可以选择适合自己水平的游戏方式，通过不同难度的游戏，使不同发展水平的幼儿都能够在原有基础上获得不同程度的发展，向自己的最近发展区迈进。

4．内容的丰富性

体育区域活动的场地设置多样、玩具材料丰富、活动形式多样。不同的场地投放不同的材料，不同的材料又有不同的玩法，通过丰富的材料开展丰富的活动，发展幼儿的基本动作。

5．组织的灵活性

户外体育区域活动对场地、时间的要求很灵活，它不强调集中、统一的活动，组织形式多样，可以根据幼儿园的实际情况，组织全园共同活动，也可以以年级组或班级为单位开展。

（二）户外体育区域活动对幼儿发展的价值

1．提高幼儿对户外体育活动的兴趣，培养良好的运动习惯

无拘无束、活泼好动是幼儿的天性，每个幼儿在性格、兴趣、能力等方面都存在着差异，体育区域活动的特点正好满足了幼儿的这种需要。幼儿根据自己的兴趣和需要，自由选择自己喜欢的区域、材料、内容进行游戏，提高了他们对户外体育的兴趣，同时用幼儿感兴趣的方式来发展幼儿的身体动作，重视幼儿的兴趣和自主性，通过多变的形式，对材料的调整，对幼儿的关注和指导，让幼儿体验多种运动快乐，愉悦身心，形成良好的运动习惯。

2．促进幼儿的动作发展和体质增强

户外体育区域活动的重大价值之一就是促进幼儿的身体发育，提高幼儿的身体素质。幼儿的体质不仅和营养、遗传有关，更与体育锻炼关系密切。幼儿正处于生长发育的旺盛时期，身体各部分的器官与系统都处在发育的关键阶段，适当的户外运动能够促进幼儿骨骼的发展、增加肌肉群的力量、培养关节的稳固性等。户外体育区域活动能够保证幼儿充足的户外运动时间和运动量，让幼儿的动作得到发展，动作的协调性、灵敏性不断增强，从而增强幼儿的身体素质。

3. 促进幼儿社会性的发展

（1）促进幼儿主体性和创造性的发展。体育区域活动将很大的主动权交给幼儿，他们根据自己的兴趣和需要，选择适合自己的游戏内容、游戏材料和游戏伙伴。"我的游戏我做主"，去哪里玩、玩什么、和谁玩、怎么玩都由幼儿自己决定，在体育区域活动中，主体性、创造性得到发展。

（2）促进幼儿情感的发展。在户外体育区域活动中，每个区域都为幼儿提供各类活动材料，幼儿可以自主选择区域和活动材料，选择自己喜欢的运动方式，如跑、跳、投、钻爬、骑车等，幼儿在活动中愉快、轻松、自由，没有任何压力，也不用担心自己不会做或做不好，不会产生焦虑，在与同伴的共同游戏中尽情体验运动快乐，获得良好的情感体验。

（3）提高幼儿的合作交往能力。体育区域活动打破班级和年龄的界限，为幼儿提供了很大的人际交往空间，在体育区域活动中，幼儿与各种认识和不认识的不同年龄的孩子打交道，幼儿的语言能力、交往合作能力、行为控制能力都能得到发展。幼儿在活动中自由结伴，共同交流玩法，解决遇到的问题，给予他人关心和帮助，学会了更好地交往与合作，社会性发展得到质的提高。

（4）促进幼儿自信、勇敢等个性心理的发展。体育区域活动因其提供大量的低结构和非结构材料，让不同发展水平的孩子都能找到适合他们的运动方式，让不同能力的孩子体验到成功，提高自信心，形成对自己持肯定评价的心理，更能促使幼儿积极地参与各种活动，大胆尝试各种活动，在这个过程中，幼儿逐步发现自己的潜力，提高了自信心。除此之外，对于体育活动中的一些具有难度和挑战性的项目，孩子们相互学习、相互鼓励；胆大的孩子带动胆小的孩子，激发了胆小孩子参与体育活动的热情，培养勇敢精神。同时，作为示范或帮带的幼儿，也更容易激发自信心、自豪感，增强其战胜困难的勇气，变得更加自信和勇敢。

第二节　步入户外体育区域活动放任式自主的误区

一、户外体育区域自主活动初探

针对当时幼儿园户外运动场地不足、幼儿运动受限，同时这也是翠屏区幼儿园的共性问题这一现状，提出了体育区域活动是解决鲁家园幼儿园当前户外运动场地不足的一种有效方式，以《幼儿园教育指导纲要（试行）》《3～6儿童学习与发展指南》为依托，从2012年开始，开展了幼儿园体育区域活动的实践研究，对幼儿园分散的户外场地进行重新研究、科学规划、充分利用，根据场地的不同属性和特点，设置不同的活动区域，组织幼儿开展户外体育区域活动。

2013 年，我们开展了市级课题"幼儿园体育区域活动的实践研究"，对体育区域活动的设置、材料投放与开发、组织和指导等方面进行了 3 年的研究与探索，课题于 2016 年结题。在 3 年的研究中，我们总结形成了开展体育区域活动一系列的有效策略，有效解决了幼儿园运动场地不足、资源开发不够等问题，为教师组织开展户外体育区域活动提供了一定的支持，教师对体育区域活动有了新的认识，对体育区域活动的开展也积累了一定的经验，幼儿的运动兴趣、动作发展、身体素质得到了极大的提升。

在研究中，我们发现教师对体育区域活动的认识不够，局限于集中性体育教学活动的形式，每次组织幼儿开展活动时，对幼儿控制太多，过度担心幼儿的安全问题，不敢放手让幼儿自选内容，自主开展活动。他们仍然较多地以集中教学的模式组织体育区域活动，使体育区域活动失去了价值和意义，幼儿也得不到应有的发展。鉴于教师对幼儿控制过多、指导过多的情况，我们组织了一系列的理论学习、观摩研讨，开展案例分析、故事分享等，让教师重新认识和了解体育区域活动，知道体育区域活动是给予幼儿充分自主的活动，是为幼儿提供开放的空间、材料，引导幼儿自由结伴、自选内容、自主参与的活动，树立"幼儿主体发展"的意识，学会退到幼儿身后，给幼儿自主活动的空间。

二、步入放任式自主的误区

户外体育区域活动的开展解决了幼儿园的实际问题，也为区域内类似的幼儿园提供了一定的借鉴和参考，成为我们幼儿园的特色园本活动，在全园常态化地开展，并在骨干园进行了推广。

在常态活动中，我们又发现，在前期实践中，教师虽然对体育区域活动的开展形成了新的认识，积累了一定的经验，也改变了以前以集中教学活动的形式来组织幼儿开展体育区域活动的现状，但是又出现了新的问题：在活动的组织上，教师虽然走出了过度控制活动的极端，但是他们又常常是只将孩子带到活动场地，让孩子完全自由地选择区域开展游戏，在游戏中过度放手，不知道应该如何支持和指导幼儿，不敢指导幼儿，不能很好地处理自主和教师引导的关系，缺乏适时适宜的支持和指导，幼儿的体育区域活动总是停留在表面，影响了户外体育区域活动的效果，制约了幼儿的发展。同时，教师在开展活动时还存在目标不够清晰，缺乏目标意识，对于活动可以发展幼儿的哪些方面的能力不清楚，材料提供比较随意，较少地关注材料给幼儿带来的经验，缺乏对材料的深入研究等方面的问题。

2016 年，我们在市级课题的基础上，开展了省级课题的研究，继续深入进行户外体育区域自主活动的研究，帮助教师更好地支持和指导幼儿开展体育区域活动，促进自己的专业成长，助推幼儿的自主学习与发展，提升体育区域活动的价值。

第三节 从放任式自主走向支架式自主的户外体育区域活动

一、支架式户外体育区域自主活动的理论基础

（一）人格发展八阶段理论

埃里克森的人格发展八阶段理论提出，人的心理社会化发展会经历八个社会危机，每个危机或阶段被表述为两个对立或冲突的人格特征之间的斗争。根据人格发展阶段理论，3～6岁的幼儿正处于建立主动感、避免内疚感的发展阶段。随着幼儿社会化的发展，自我意识的逐渐增强，他们开始渴望像成人一样生活。此时，若幼儿能够在成人的支持下满足其自主活动的需要，获得足够的自由、自主活动的机会，那么幼儿将顺利度过这一阶段并获得主动感，在今后的生活中愿意并敢于探索外界世界、积极表达自己的观点。因此，抓住自主性发展的关键期，对促进幼儿早期自主性的形成以及后期各个领域的发展都将产生积极影响。

由此可见，在自主性发展的关键期，教育者要支持幼儿在游戏活动中感受自主、学会自主、充分发展自主性，为其将来的生活与学习打下良好基础。

（二）自主学习理论

自主学习理论源于人本主义心理学，强调对学习过程中人的因素的关注。自主学习的哲学基础是人的主观能动性和内因的决定作用。人本主义学习理论、建构主义学习理论、齐默曼自我调节理论都是自主学习的理论依据。

建构主义学习理论认为，学习是学习者主动地建构内部心理表征的过程，它不仅包括结构性的指示，而且包括在具体情境中形成大量的非结构性的经验背景。学习者在一定情境中借助他人帮助，利用必要的学习资料，通过意义建构来获取知识，掌握解决问题的程序和方法，优化完善认知结构，获得自身发展[1]。

行为主义心理学家认为[2]，自主学习包括自我监控、自我指导、自我强化三个过程。自我监控是指学生对自己的学习过程所进行的一种观察、审视和评价；自我指导是指学生采取那些致使学习趋向学习结果的行为，包括制定学习计划、选择适当的学习方法、组织学习环境等；自我强化是指学生根据学习结果对自己做出奖赏或惩罚，以利于积极的学习得以维持或促进的过程。

---

[1] 刘云娜.体育自主学习的理论基础与教学模式研究[J].教学与管理,2007(10): 153-154.

[2] 程小坡.高校体育应注重学生自主学习能力培养[J].安徽工业大学学报（社会科学版）,2003(2):146-147.

自主学习应包括学习态度、学习意志力、学习信念等，是一个内涵丰富的理论体系，是一种一旦获得将受用终生的良好习惯和能力。"合作""探究"的理念决定了自主学习不等同于个别学习，在教师提供的有力帮助下，最大限度地发挥学生主观能动性才是自主学习的真正内涵。

（三）支架理论

"支架"一词来源于建筑行业的术语"脚手架"，即工人在建造楼房时使用的能够为他们提供支承的暂时性平台、柱子等。后来，"支架"一词运用到教育学中，常被用来隐喻教师根据学生的发展需要而提供的暂时性的、渐撤性的支持与帮助，逐渐将学习任务转移给学生自己，最后撤去"支架"，以促进学生自主构建知识。

"支架式教学"是 1976 年由美国著名教育学家和心理学家布鲁纳及其同事在研究母亲如何影响幼儿语言发展的过程中提出的。根据欧共体"远距离教育与训练项目"的有关文件，"支架式教学"被定义为"支架式教学应当为学习者建构对知识的理解提供一种概念框架。这种框架中的概念是为发展学习者对问题的进一步理解所需要的，为此，事先要把复杂的学习任务加以分解，以便于把学习者的理解逐步引向深入。"[①]根据这种理解，教学并不是把现成的知识教给学生，而是在学生学习的过程中向他们提供一套恰当的"概念框架"，来帮助学习者理解特定知识，建构知识意义，即教师作为文化的代表引导着教学，使学生掌握和内化那些能使其从事更高认知活动的技能，这种掌握和内化是与其年龄和认知水平相一致的。一旦学习者获得了这些技能，便可以更多地对学习进行自我调节。

（四）维果茨基的最近发展区理论

苏联著名心理学家维果茨基在《社会中的心智》一书中提出了"最近发展区（zone of proximal development）"这一概念。维果茨基认为，在儿童智力活动中，对于所要解决的问题和原有能力之间可能存在的差异，通过教学，儿童在教师的帮助下可以消除这种差异，这个差异就是"最近发展区"。也就是说，可以将最近发展区定义为儿童独立解决问题时的实际发展水平（第一个发展水平）和成人或能力较高的同伴指导下解决问题时潜在的发展水平（第二个发展水平）之间的距离，可见儿童的第一个发展水平与第二个发展水平之间的状态是由教学决定的，即教学可以创造"最近发展区"。因此，教学绝不应消极地适应儿童智力发展的已有水平，而应当走在发展的前面，不停顿地把儿童的智力从一个水平引导到另一个新的更高的水平，即只有走在发展前面的教学才是好的教学。这一概念表明，儿童的文化发展机制总体上表现为从"最近发展区"向"潜在发展水平"的转化，而"最近发展区"的一般意义正在于强调，在儿

---

① R.E.Maye C. Stieh & JC.Greeno (1995).Acqietion of understanding and skill inrelation to subjects preparation and meaningfulness of instruction Journal ofEducational Psychology.

童那里，发展来自合作、教学。从以上观点出发，对教育过程而言，重要的不是着眼于学生现在已经完成的发展过程，而是关注那些正处于形成的状态或正在发展的过程。

我国学者曹才翰认为，学生的"最近发展区"就是学生思维过程中，实际发展水平与潜在发展水平之间的差异和桥梁。教学过程就是想方设法地使学生经常处于"跳一跳摘桃子"的状态，既使学生有一定的紧张感，也不会妨碍问题的解决，从而激发学生的求知欲。因此，教师应该围绕"最近发展区"，利用学生实际发展水平与教学要求之间的矛盾，根据学生的智力发展水平和知识水平确定知识的广度、深度和进度，以促进每个学生都得到发展。

（五）建构主义学习理论

建构主义学习理论是在批判地继承了不同认知学派的学习理论的基础上，逐步发展起来的理论体系，主要以皮亚杰、维果茨基、布鲁纳、加涅等人的思想为主要代表。它从哲学认识论的高度对学习的本质进行了研究，阐明了人类学习过程的认知规律，形成了全新的学习理论：知识不是客观的东西，而是主体的经验；学习也不是被动地接受，而是主动建构经验。因此，教学就不只是传递知识，而是创设一定情境以支持和促进学习者主动建构知识的意义。换言之，学习是学习者在一定的环境即社会文化背景下，借助教师和学习伙伴的帮助，利用各种资源，通过新旧经验相互作用来形成、丰富和调整自己的经验结构，生成对知识的意义建构的过程。教学则是为学习者创设良好的学习环境，激发学习兴趣，引导他们从原有的经验出发，生成新的经验，建构所学知识的意义。建构主义者用"支架"来隐喻教与学的关系，即学生是认知活动的主体，在外界环境相互作用中主动建构知识，而教师在学习活动中应摆正自己的位置，认清自己与学生的关系，努力成为学生认知活动的组织者、帮助者和引导者，要为学生创设一个适宜交流和探索的学习环境，促使学生学会自主学习。

二、问题与挑战

鲁家园幼儿园的户外体育区域活动从"无"到"有"，从一开始"教师控制过多"到逐渐步入"放任自主的误区"，每一个阶段都有着新的问题与挑战。面对当前教师组织活动"放任式自主"的现状，我们也开始有了新的思考：户外体育区域活动中幼儿的自主并不是放任式的自主，不是让幼儿完全自由地开展活动，而应该是一种支架式的自主，教师的作用在于在活动中为幼儿搭建环境、材料、经验等相关的支架，对幼儿实施隐形的指导，推动幼儿朝着自己的最近发展区不断迈进。

实施支架式户外体育区域自主活动对教师提出了更高的要求，引导教师转变角色，更好地把握幼儿自主与教师指导之间的关系。通过构建支架式体育区域自主活动体系，为教师搭建一个"支架式"的支持系统，支持幼儿开展支架式的体育区域自主活动，将幼儿的体育区域活动推向纵深，更好地促进幼儿身心全面和谐发展。

第二章　理念重构：支架式户外体育区域自主活动体系的价值追求

　　教师是幼儿学习活动的支持者、合作者和引导者，教师对幼儿的支持和引导应该是适宜的、适当的，应以尊重幼儿的主体性为前提，促进幼儿积极主动发展。幼儿园户外体育区域活动的实践不仅需要走出"放任式自主"的误区，同时要把握好"支架式自主"中教师指导与幼儿自主的"度"。因此，开展"支架式户外体育区域自主活动"的实践需要帮助教师进行理念观点的重塑，正确认识"支架式户外体育区域自主活动体系"，厘清户外体育区域自主活动体系中教师的支架与幼儿的自主之间的关系，明晰"支架式户外体育区域自主活动体系"的价值理念与目标追求和取向，找准实践的正确方向。

第一节　概念及关系

一、什么是支架

　　支架这一概念原来是建筑行业的术语，又称脚手架。其作用是在建筑房屋时起到暂时的支撑作用。布鲁纳及其同事在研究母亲如何影响幼儿语言发展的过程中，根据维果茨基的"最近发展区"概念正式提出了"支架式教学"。布鲁纳借用这个建筑行业的术语用来说明在教育活动中，幼儿可以凭借父母、教师、同伴以及他人提供的辅助物或提示完成原本自己无法独立完成的任务，当幼儿的能力得到增长后，这种辅助物就像建筑竣工后，就可以撤去该支架。这种由社会、学校和家庭提供给幼儿，用来促进幼儿发展的各种辅助物和支持条件，就被称为"支架"。

　　从本义上看，支架只是在修建或修补房屋的一段时间内或在一定阶段上才存在，而且是作为一种工具存在。当目的达成后，就会被搬移、撤除。但是，在修建或者修补房屋期间，这个工具又是必不可少的。在幼儿教育教学活动中，我们获知，为推动幼儿的学习，为幼儿的活动搭建支架是很有必要的，但支架并非永久存在，当幼儿的能力得到提升后，就可以撤去该支架。从教学理念角度看，所谓支架教学，是在社会建构主义思想影响下产生的一种以幼儿认知发展潜能为根本目的、以师生平等交往为基本途径、以教师对幼儿最近发展区的准确把握为鲜明的教学理念，教师在活动中搭建幼儿的已有经验和潜在发展区的连接通道的策略或方法。

根据支架的操作流程的启示，支架教学也形成了一定的实施步骤。

（1）搭建支架。围绕当前的发展目标，按照幼儿"最近发展区"要求，把复杂的学习任务加以分解，建立概念框架。

（2）构建情景。搭建概念框架后，将幼儿引入问题情景中，让幼儿带着问题去学习探究。

（3）独立探索。让幼儿带着问题进行独自思考解决问题的方法。

（4）协作学习。幼儿进行小组合作，共同协商、讨论解决问题的方法。

（5）学习评价。评价伴随着活动的过程。幼儿通过自我评价、同伴评价、教师评价等不断调整自己的行为，完成经验的提升。

图 2-1 为支架式教学步骤图。

图 2-1　支架式教学步骤图

在教学实践研究中，将支架式教学的相关理论运用到户外体育区域自主活动中，以促进幼儿发展为目标，从系统方法的角度进行思考，构建支架式户外体育区域自主活动体系，为幼儿的学习创设良好环境，为幼儿的发展提供依存性帮助，支持他们户外体育区域自主活动的各种尝试、体验，在合作、互动中实现引导，促进幼儿发展。

二、什么是支架式户外体育区域自主活动体系

（一）户外体育区域活动

户外体育区域活动是一种根据幼儿园环境，因地制宜地把各种不同的场地创设成不同的运动区域，投放不同的材料，让幼儿自由结伴、自选内容、自主活动的体育活动形式。它按组织形式可分为同龄同班、同龄混班和混龄混班型的体育区域活动。

（二）支架式户外体育区域自主活动

支架式户外体育区域自主活动是指在支架式教学理论的指导下，通过观察幼儿，把握幼儿最近发展区，对影响开展户外体育区域自主活动的基本要素进行设计与处理，搭建幼儿的现有经验和潜在发展区的连接通道，为幼儿的学习提供有效的引导"支架"，让幼儿自由结伴、自选内容、自主开展体育活动，进而帮助幼儿积极、主动、有效地建构经验，获得发展。

从图 2-2 中可以看出，确定幼儿的最近发展区是前提，自主选择户外体育活动的

内容是重要条件，没有自主选择内容，支架就不会生成。支架式户外体育区域自主活动在组织实施过程中，教师首先需要观察幼儿，分析幼儿最近发展区及潜在发展区，确定幼儿的发展目标，再根据园所环境，因地制宜地把各种不同的场地创设成不同的运动区域，投放不同的材料，让幼儿自由结伴、自选内容、自主活动，教师在观察、分析游戏基础上，灵活运用适宜的支架策略支持幼儿的自主游戏，促进幼儿积极主动向更高水平发展。

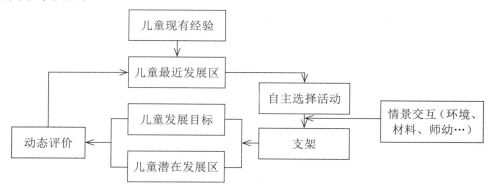

图 2-2　支架式户外体育区域自主活动中幼儿的发展路径图

支架式户外体育区域自主活动是针对户外体育区域活动实践中，教师对幼儿自主游戏过度放任的现象，而提出来的一种游戏理念。其强调在户外体育区域活动中，幼儿的自主游戏不是放任式自主，而是在教师支持下的自主，即"支架式自主"。教师需要对幼儿自主游戏中的需要和兴趣点进行及时的关注，根据幼儿的现有经验，为幼儿提供灵活适宜的支持，丰富和扩展幼儿游戏的经验，促进幼儿的发展。避免因为缺乏教师支持，幼儿过于自主，生活经验不足，而导致游戏随机性和变动性大，自主游戏无法深入，幼儿得不到发展的问题。支架的灵活提供也能为幼儿个别化学习提供更大的支持，进而促进每个幼儿得到适宜的成长。

（三）支架式户外体育区域自主活动体系

体系是指若干有关事物互相联系、互相制约而构成的一个整体。支架式户外体育区域自主活动体系指为促进幼儿身体健康发展，将户外体育区域自主活动中为幼儿的自主游戏提供"支架"的相关要素联系在一起，组成的整体。支架式户外体育区域自主活动体系既有其自己的活动理念体系，也有一系列促使理念落地，让幼儿在教师的支持下自主开展户外体育区域活动的实践操作体系。

支架式户外体育区域自主活动体系的目标是促进孩子基本动作、身体素质的发展。我们所倡导的支架式户外体育区域自主活动体系有以下四点内涵。

1.系统性

系统性指根据系统的范畴、性质、结构等，有机地把系统各要素组织起来，实现系统功能的最大化和最优化。支架式户外体育区域自主活动体系的建设涉及幼儿、教师、园所管理、园所资源设施、支架的构建策略等多种要素，这些要素之间存在信息交换、资源分配，它们之间彼此嵌套、相互影响，形成了具有一定层次结构的系统。因此，我们用系统理论来理解和构建支架式户外体育区域自主活动体系，厘清支架式户外体育区域自主活动要素之间的内在联系，将构建好目标体系、内容体系、资源体系、活动模式、支持体系、评价体系、保障体系等每一个子系统作为构建科学完备、运行高效的支架式户外体育区域自主活动体系的重要途径，形成 1+1 ＞ 2 的效应。

2. 整体性

体系内各要素不是机械整合，支架式户外体育区域自主活动体系的目标体系、内容体系、资源体系、活动模式、支持体系、评价体系、保障体系等子系统及要素是不可割裂的，在整合后具有各要素所不具有的特征。体系构建完成后，各系统要素在组织体系中发挥着特定的作用，成为系统不可缺少的组成部分。若将某一要素从系统中剥离，系统就将受到损伤或破坏，甚至瓦解和崩溃。支架式户外体育区域自主活动是健康领域的组成部分，因而首先要根据健康领域目标，梳理幼儿的发展目标，确立支架式户外体育区域自主活动的主体价值，通过支架式户外体育区域自主活动，培养幼儿独立自主的人格品质。

3. 动态性

教育的过程就是持续不断生长的过程。幼儿的经验在支架的作用下不断改造与重组，形成新经验，新经验又成为实现下一个发展目标的基础。在体系运行过程中，支架的提供本身就具有一定的动态性，教师提供的支架不是永久性的，它将根据幼儿的经验发展情况不断地变化，而其资源体系、活动模式、评价体系、保障体系等也将随之变化。

4. 发展性

支架式户外体育区域自主活动体系并非一成不变的，必须遵循学前幼儿身心发展规律与特点选取内容，所选内容要有助于所有幼儿健全人格和主体性的发展；要着眼于未来，促进幼儿心理机能由低级向高级的转化。因此，内容不能迁就幼儿已有水平，要稍有超前性，体系的构建要围绕着幼儿的发展构建。

三、自主与支架两者之间的关系

（一）什么是自主

《现代汉语词典》对自主的定义很简单，就是"自己做主"。在户外体育区域自主活动中的自主是指在户外体育区域活动中，幼儿对自己的活动具有选择、支配、控制的权利，具体包含了以下三点含义。

1. 独立的观点

3~6 岁的幼儿具有强烈的好奇心和求知欲，也是具有独立学习能力和认知潜力的个体。在户外体育区域活动中，幼儿对为什么要参与活动、和谁一起结伴共同完成任务、体育器械材料有哪些用途等都有自己独立的认识。在活动中，幼儿总能说出教师无法想象的答案。这种积极的、向前生长的力量就是幼儿与生俱来的独立性。教师不以教科书上的正确观点来判断对错，不忽视与自己观点相悖的幼儿，尊重每个幼儿的独立认识，并将此作为判断幼儿最近发展区的重要信息资源。

2. 独立做出选择

3~6 岁的幼儿既以自我为中心，又不断地突破自己，去尝试探究更宽广的世界。教师在了解幼儿已有经验的基础上，引导幼儿共同参与户外体育区域活动，为幼儿提供均等的游戏机会，幼儿按照自己的意愿自由选择游戏、选择玩伴，活动时，幼儿用自己的方式进行游戏，选择在户外的哪个地方玩、玩什么、使用什么体育器械、体育器械怎么组合等。

3. 承担行为结果

行动一定会有结果。幼儿作为独立自主的个体，知晓并接纳独立行为的结果，并为自己的行为负责任。在户外体育区域活动中，幼儿自由选择，自主行动，并在游戏活动中建立游戏的规则，约束自己的行为，能正确认识竞技性体育活动中的输赢，在游戏活动结束后，能对自己的行为做出评价，也接受他人的评价。

（二）自主与支架的关系

"支架"指户外体育游戏中教师的支持，支架的提供旨在使幼儿从被动的、压抑的状态中解放出来，促使幼儿的天性和与生俱来的能力得到健康发展。教师为幼儿的生长提供营养和动力，为幼儿的成长提供可支持的一切资源。"自主"指幼儿的自主游戏及幼儿自主游戏权利。支架式户外体育区域自主活动中，幼儿是自主游戏的主人，教师是指导自主游戏的主人，"支架"与"自主"的关系其实就是幼儿自主与教师支持的关系。从作用的关系来说，"自主"是"支架"的依据和目标，"支架"是"自主"的途径和手段。教师"支架"的提供是建立在对幼儿自主游戏中的兴趣和需求的基础之上的，并通过"支架"的作用，最终促进幼儿游戏的"自主"。

在支架式户外体育区域自主活动中，"自主"是一直存在的，有效的"支架"是时隐时现。有时候，教师的"支架"走在前面，创设环境、提供材料等，教师是幼儿"自主"的隐形支持者；有时候，教师的"支架"走在幼儿"自主"身边，做幼儿游戏的旁观者给予语言指导，或者陪伴幼儿面对挑战、克服困难、树立信心，促进幼儿在"自主"中进行深度学习；有时候，教师的"支架"会"后退"，让幼儿更好地认识自己，独立成长为有自信、有主见的学习者和游戏者。

第二节　价值理念

一、价值追求

（一）支架式户外体育区域自主活动中幼儿是积极主动的

在支架式户外体育区域自主活动中，幼儿才是发展的主人，在哪里玩、玩什么、和谁玩、怎么玩都是由幼儿自己决定的，教师对这些都无权干涉，教师"主导"的作用不是包办、控制及灌输，重在突出"导"，即引导启发，引导幼儿自主思考、自己做事、自己解决问题。

（二）支架式户外体育区域自主活动中游戏的娱乐性和教育性是统一的

在支架式户外体育区域自主活动中，教师应该给予幼儿最大的发挥空间，让幼儿充分享受游戏的趣味性、自由性及娱乐性，同时强调让幼儿在快乐中培养自主、探索、克服困难等优良品质。教师应尊重幼儿的游戏意愿，给幼儿充分的自由去探索，同时要善于挖掘幼儿感兴趣的事物和偶发事件中蕴含的教育价值，为幼儿提供必要的指导帮助，既满足幼儿的游戏娱乐的需要，也满足幼儿发展的需要，使游戏的娱乐性和教育性达到和谐统一。

（三）支架式户外体育区域自主活动中游戏规则是隐含其中的

在支架式户外体育区域自主活动中，游戏的自由是建立在规则之上的，但游戏的规则不是教师制定的，也不是外在的、强加给幼儿的，而是幼儿在游戏中通过不断体验游戏的结果，是由幼儿共同协商、一起参与、愉快接受、共同遵守，随游戏情节的变化而变化的，隐含在游戏中的内在的规则。也就是说，在支架式户外体育区域自主活动中，教师不应急于给出规则限定，而要学会等待，让幼儿在游戏中体验结果，在尝试中不断生成规则，让游戏的规则隐含在活动中。

（四）支架式户外体育区域自主活动中幼儿的发展是全面的

在支架式户外体育区域自主活动中，幼儿是独立自主的人、全面发展的人，幼儿动作及身体机能的发展不是户外体育区域活动唯一的追求目标，应关注幼儿学习与发展的整体性，包括关注幼儿体质发展及幼儿情感、态度、能力、知识、技能等方面的整体发展。

二、基本理念

活动理念指活动开展过程中秉承的基本观点和看法。支架式户外体育区域自主活动的基本理念包括"自主、开放、整合"。

（一）活动是自主的

幼儿在体育区域活动过程中，是自主、自愿和自由的，哪里玩、玩什么、怎么玩、和谁玩由幼儿自主决定，通过自由结伴、自选内容、自主活动，在锻炼身体的同时，获得经验，丰富情感，促进发展。

（二）活动是开放的

其有两层含义：一是开放的物理环境，即活动时间、空间、玩具材料对幼儿来说是开放和共享的，幼儿可以自主选择；二是开放的心理环境，即游戏过程中的交流是开放的，体现在幼儿与教师之间、幼儿与幼儿之间平等、互动的关系。

（三）活动是整合的

活动内容来自幼儿的生活和经验，整合了多个领域的内容；课程目标注重幼儿情感、态度、能力、知识、技能等方面的整体发展，关注幼儿学习与发展的整体性，一个活动指向多种发展目标，促进幼儿整体、全面、和谐发展。

第三节　目标取向

活动的目标是活动需要达到的标准，目标的取向决定了目标制定的方向、范畴，明确活动目标的取向能为活动目标的制定提供正确的导向和指引。

一、支架式户外体育区域自主活动的目标应是整合的

根据《3~6岁幼儿学习与发展指南》《幼儿园教育指导纲要（试行）》等文件的规定，幼儿是全面发展的人，幼儿的发展是一个整体，要注重领域之间、目标之间的相互渗透和整合，促进幼儿身心全面协调发展，而不应该片面追求某一方面或几方面的发展。游戏是幼儿的基本学习活动方式，具备全面育人的价值和功能，可以促进幼儿认知、社会性、情绪情感及身体动作的发展。因此，支架式户外体育区域自主活动体系的目标应该是整合的，包括关注幼儿体质发展及幼儿情感、态度、能力、知识、技能等方面的整体发展。

二、支架式户外体育区域自主活动的目标应是全程的

幼儿在活动过程中表现出的积极态度和良好行为倾向是终身学习与发展所必需的宝贵品质。要充分尊重和保护幼儿的好奇心和学习兴趣，帮助幼儿逐步养成积极主动、认真专注、不怕困难、敢于探索与尝试、乐于想象和创造等良好的学习品质。忽视幼儿的学习品质培养，单纯追求知识技能学习的做法是短视而有害的。因此，支架式户外体育区域自主活动的目标制定既要关注学习结果，也要关注学习过程。

第三章 现实映照：支架式户外体育区域自主活动体系的构建

幼儿园支架式体育区域自主活动体系的构建是一个整体推进的过程，是在支架式体育区域自主活动价值理念的引导下，对各类体系共同开发与完善的过程。在实践中，我们构建了幼儿园支架式户外体育区域自主活动体系的整体框架，包含了目标体系、内容体系、资源体系、活动模式、支持体系、评价体系、保障体系等方面的内容（图3-1）。

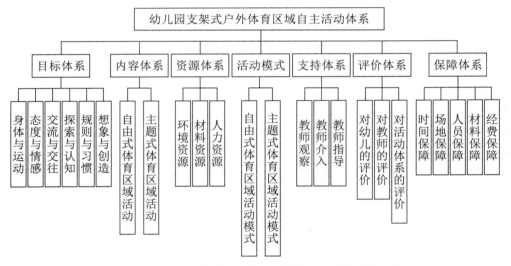

图 3-1　幼儿园支架式户外体育区域自主活动体系框架图

第一节　目标体系

支架式体育区域自主活动的目标应关注幼儿学习与发展的整体性，指向幼儿不同领域的发展，注重领域之间的渗透和整合，关注幼儿生活习惯、生活能力、意志品质的培养，关注幼儿主动性、创造性的发展。在实践中，形成了"三层级六维度"的目标体系。三层级即总目标—领域目标—年龄阶段目标的三层级目标体系，六维度即身体与运动、情感与态度、交流与交往、探索与认知、规则与习惯、想象与创造六个维度。

幼儿园支架式户外体育区域自主活动目标结构图如图 3-2 所示。

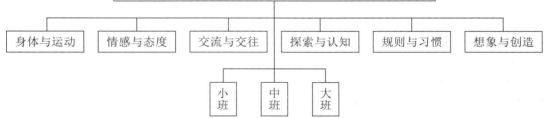

图 3-2　幼儿园支架式户外体育区域自主活动体系目标结构图

幼儿园支架式户外体育区域自主活动目标体系，如表 3-1 所示。

表 3-1　幼儿园支架式户外体育区域自主活动目标体系

领域目标	年龄阶段目标		
	小班	中班	大班
身体与运动	1. 身体健康，身高体重适宜（参见《3～6岁儿童学习与发展指南》） 2. 参加走、跑、跳、投、攀爬等身体活动，具有一定的平衡能力和力量、耐力（参见《3～6岁儿童学习与发展指南》）	1. 身体健康，身高体重适宜（参见《3～6岁儿童学习与发展指南》） 2. 参加走、跑、跳、投、攀爬等身体活动，动作协调，具有一定的力量和耐力（参见《3～6岁儿童学习与发展指南》）	1. 身体健康，身高体重适宜（参见《3～6岁儿童学习与发展指南》） 2. 参加走、跑、跳、投、攀爬等身体活动，动作灵敏，具有一定的力量和耐力（参见《3～6岁儿童学习与发展指南》）
情感与态度	1. 愿意参加体育活动，能根据自己的兴趣选择活动 2. 喜欢承担活动中一些小任务	1. 喜欢参加体育活动，能按自己的想法进行游戏 2. 敢于尝试有一定难度的活动和任务	1. 主动参加体育活动，在活动中出主意、想办法 2. 主动承担任务，遇到困难能坚持而不轻易放弃
交流与交往	1. 愿意与同伴一起游戏，表达自己的需要和想法 2. 体验与同伴共同游戏的乐趣	1. 喜欢和小朋友一起游戏，能基本完整表达自己的需要和想法 2. 初步学会协商、轮流、合作、友好地游戏	1. 喜欢结交新朋友，能有序、连贯、清楚地表达自己的想法 2. 学会协商分配角色，与同伴积极交往，友好合作，学会解决游戏中的问题和纠纷
探索与认知	1. 喜欢摆弄各种材料 2. 在与不同材料的互动和运动中感知物体和材料的特征 3. 在提醒下能注意安全，不做危险的事	1. 喜欢动手探索物体和材料，并乐在其中 2. 在与不同材料的互动和运动中感知、发现物体和材料的特征 3. 逐步建立自我保护的观念，运动时能主动躲避危险	1. 积极动手动脑探索物体和材料，在探索中有所发现时感到兴奋和满意 2. 在与不同材料的互动和运动中发现物体和材料的特征 3. 逐步养成自我保护和安全的意识，知道一些避免危险和意外伤害的方法

续表

领域目标	年龄阶段目标		
	小班	中班	大班
规则与习惯	1. 愿意参与收拾整理活动 2. 在教师提醒下，遵守游戏规则	1. 学习有序地收拾运动器材 2. 感受规则的意义，能遵守游戏规则	1. 有良好的运动习惯，主动参加体育活动 2. 有良好的整理习惯，主动收拾整理材料 3. 理解规则的意义，能与同伴协商制定游戏规则，自觉地遵守游戏规则
想象与创造	尝试用多种简单的器材锻炼身体，尝试以物代物	会使用多种运动器材锻炼身体，尝试一物多玩	1. 能独立地、创造性地运用各种材料锻炼身体 2. 自主探索材料的多种玩法，具有创新性

第二节　内容体系

支架式户外体育区域自主活动是幼儿自主开展的活动，其内容不是由教师设计，而是通过教师为幼儿提供支架，支持幼儿自由选择区域、同伴、材料，自主生成的。内容体系主要包含了自由式体育区域自主活动内容和主题式体育区域自主活动内容（图 3-3）。

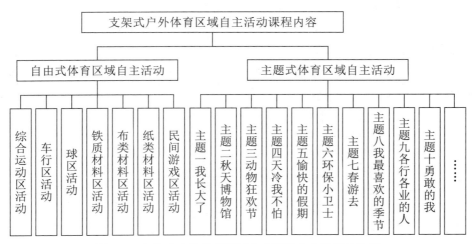

图 3-3　支架式户外体育区域自主活动内容体系结构图

一、自由式体育区域自主活动的内容

自由式体育区域活动是在教师为幼儿构建环境支架、材料支架的基础上，幼儿根据自己的兴趣和需要，自由结伴、自主选择活动区域开展的活动。

自由式体育区域活动的内容设置主要包括综合运动区、车行区、球区、铁质材料区、布类材料区、纸类材料区、民间游戏区等的活动，每个区投放相应的材料，引发幼儿的自主活动。

（1）综合运动区：提供了大型运动器材、木架、木梯、竹竿、木板、木桩、积木等材料，幼儿自由选择材料，自由搭建，充分发挥低结构材料的特性，可以开展过小桥、走高跷、智勇大冲关、玩转梯子等游戏，发展走、跑、跳、攀爬等大肌肉动作，培养平衡、协调能力。

（2）车行区：投放扭扭车、独轮车、平衡车、脚踏车、三轮车、平板车等，为幼儿规划地面标识，提供交通标志牌、红绿灯牌、警察服饰等，幼儿可以开展骑妙旅程、障碍骑行、小车运物、红灯停绿灯行等角色游戏、竞赛游戏，发展幼儿的下肢力量，培养平衡、协调能力。

（3）球区：提供篮球、足球、乒乓球、跳跳球、平衡球、羊角球、抛接球等材料，幼儿自选材料，可以开展拍球、滚球、抛接球、踢球、运球跑等活动，发展基本动作。

（4）铁质材料区：投放各类铁质的材料，如铁环、奶粉罐、饼干盒、小推车、易拉罐等，幼儿可以玩滚铁环、走高跷、推小车等游戏。

（5）布类材料区：投放教师自制的各类布质材料，布球、布袋、辫子、沙包等，幼儿可以自由选择、组合材料，玩投布球、揪尾巴、袋鼠跳、钻山洞、丢沙包等游戏。

（6）纸类材料区：投放了各类教师自制的纸质材料，纸棒、纸盒、纸箱、纸球、纸质飞盘等，幼儿可以开展赶小猪、跳纸盒、钻纸箱、投掷纸球、玩飞盘等游戏。

（7）民间游戏区：提供了绳类、竹竿、毽子、陀螺等民间游戏材料，在楼顶的宽敞场地，规划跳格子的场地，幼儿可以开展拔河、跳绳、跳皮筋、花样跳竹竿、跳格子等游戏，在宽阔平坦的楼顶，还可以玩编花篮、斗鸡、抬轿子等民间游戏。自由式体育区域活动内容一览表，如表3-2所示。

表3-2　自由式体育区域活动内容一览表

区域名称	投放的材料	可能引发的活动内容
综合运动区	大型运动器材、木架、木梯、竹竿、木板、木桩、积木……	玩长凳、走高跷、过小桥、花样玩梯子、智勇大冲关……
车行区	扭扭车、独轮车、平衡车、脚踏车、三轮车、平板车、自行车、交通标志牌……	开小车、骑妙旅程、障碍骑行、小车运物、红灯停绿灯行……
球区	皮球、篮球、足球、羽毛球、乒乓球、跳跳球、抛接球……	拍球、滚球、自抛自接球、障碍行进、抛接游戏……
铁质材料区	铁环、奶粉罐、饼干盒、小推车、易拉罐……	滚铁环、走高跷、推小车……
布类材料区	布球、布袋、辫子、沙包……	投布球、抛接球、袋鼠跳、钻山洞、揪尾巴
纸类材料区	纸棒、纸盒、纸箱、纸球、纸飞盘……	赶小猪、跳纸盒、钻纸箱、投掷纸球、玩飞盘……
民间游戏区	绳类、竹竿、毽子、陀螺、舞龙舞狮材料……	拔河、跳绳、跳皮筋、编花篮、花样跳竹竿、跳格子、抽陀螺、斗鸡、舞龙舞狮……

二、主题式体育区域自主活动的内容

主题式体育区域自主活动是围绕某一主题，设置主题情境，创设相应的体育区域环境支架、情境支架、材料支架，引导幼儿主动探索，自主游戏，整合幼儿学习、生活和游戏等的一种情景性体育区域活动。

主题式体育区域自主活动的内容结合班级课程开展的主题，创设主题情境，各区域投放与主题相关的材料，引发幼儿的自主游戏。主题式体育区域自主活动内容一览表如表 3-3 所示。

表 3-3　主题式体育区域自主活动内容一览表

主题名称	设置区域	情境设置	投放材料	可能引发的活动
我长大了	民间游戏区	每个小朋友都升班了，提问在民间游戏学会了什么新本领呢？与孩子们约定 2 周至 4 周的时间，给同伴和弟弟妹妹展示自己的新本领	有提绳的毽子、铁环、沙包等	我的新本领
	纸类材料区	幼儿园要开运动会了，各班要挑选"投掷小能手"去参加全园的运动会比赛，每位小朋友都可以通过自主活动练习，争取这个机会	飞盘、纸球、纸飞机、高低不同悬挂的大小不一的圈（竖着悬挂）、各类怪兽图卡、夹子、粉笔或矿泉水瓶做的落地式小红旗	投掷小能手
	球区	中班的小朋友汪汪玩跳跳球进步了，能双脚夹住跳跳球，平稳地连续跳 10 个左右。小朋友们玩球有了哪些进步呢？	皮球、跳跳球、羊角球、儿童羽毛球、气球等各类球；标线、路标指示牌、卡通玩具等	快乐玩球
秋天博物馆	自然野趣区	树叶飘洒在空中模仿树叶飘落的情境	大量颜色各异的树叶；小篮子、小筐；大纸箱制作的树叶采集箱	秋叶海洋
	车行区	用南瓜、土豆、红薯等模拟田野里丰收的情境，准备好交通工具和采收果实的口袋或筐，准备去收粮食	大箱子做的"仓库"，真实的南瓜、冬瓜、土豆、地瓜、红薯等食物，十斤装的水桶、五斤装的水桶，独轮车、三轮车、脚踏车等	丰收了
	综合运动区	教师引导幼儿商量，运用轮胎、滚筒、麻绳变身"地笼"，创设出渔民抓捕螃蟹的场景	螃蟹头饰、轮胎、滚筒、麻绳网、地垫等材料	螃蟹钻地笼
动物狂欢节	球区	教师引导幼儿在高低不同的悬挂绳上粘贴不同鸟雀的图片，营造出鸟雀停在枝头的情境	球区投掷悬挂物上粘贴各种鸟雀的图片，老虎的头饰	球会跳高的老虎
	综合运动区	将树叶洒落在地面，布置成青青草地，用竹竿、竹梯或布条布置出宽阔的河流，羚羊在草地自由地吃青草，随时准备奔跑躲过捕食的豹子	树叶；羚羊和豹子的头饰；布条、竹竿、竹梯等	奔跑的羚羊
	纸类材料区	利用纸类材料区的纸箱、纸板、纸筒等，设计出练本领的场地，模拟小猫练习本领的情境	大小高矮不一的纸箱、宽窄不一的纸板路、长短不一的大纸筒、各种形状的纸板、纸质箭头等	小猫学本领

主题名称	设置区域	情境设置	投放材料	可能引发的活动
天冷我不怕	综合运动区	运用材料搭建运动场，创设出集跳跃、攀爬、平衡、奔跑为一体的神奇运动场，小动物到运动场运动取暖的情境	轮胎、竹梯、攀爬架、木板、塑料圈、标线等	神奇的运动场
	车行区	用散落着松果、花生等食物的树林，松鼠的树洞屋等模拟出小松鼠准备外出寻找食物，把食物搬回树洞的情境	脚踏车、三轮车、独轮车；贴有松鼠图片的"树洞"屋；小筐、篮子、各类松果、花生、大小不一的编织袋等	小松鼠屯粮
愉快的假期	综合运动区	师幼共同布置灯会的场景，营造游戏氛围	灯笼、彩灯、障碍物、梅花桩、拱形门等，教师与幼儿共同设计看灯会的路线	看灯会绕障碍跑走梅花桩钻拱形门
	球区	师幼共同布置游戏场地	篮球若干，辅助材料	花样玩球
	纸类、布类材料区	划分专门的游戏区域，营造游戏场景	废旧床单	坐雪橇
环保小卫士	车行区	师幼共同用废旧报纸制作小树苗，设置送小树苗的路线	三轮拖车、废旧报纸卷成的纸棒（小树苗）、废旧蛋糕盒	运送小树苗
	综合运动区	营造小猫搬家的游戏场景	木凳、竹梯、小猫头饰若干、自制钓鱼竿、"保护河水、此处严禁堆放垃圾"提示牌	小猫搬家
	攀爬区	利用图片、蜘蛛的模型玩具布置攀爬墙	攀爬墙、小木桥（两张木凳拼凑一起），在攀爬墙（蜘蛛网）上方贴上害虫图片	蜘蛛宝宝
春游去	车行区	将幼儿园的小花园设置为春游目的地，场中央设置一些障碍物，在花园里插上红色小旗代表目的地	脚踏车、单轮车、载货车、障碍物、各类辅助材料	坐车去春游
	综合运动区	设置春天的场景，让幼儿置身春天之中，感受春天季节变化	桃花、梨花、李花、樱花等花的彩色图片，挂在不等高的绳子上，呼啦圈、软垫、钻圈、独木桥等材料	去采花过小桥钻山洞
	球区	教师和幼儿一起布置春天蝴蝶飞的场景	各种型号的皮球、呼啦圈、幼儿涂色的蝴蝶，对应放在呼啦圈内	捉蝴蝶投掷游戏
我最喜欢的季节	综合运动区	师幼共同营造春天的场景	障碍物、平衡木、拱桥、绳子	寻找春姑娘越过障碍跑过独木桥跳过水沟
	车行区	师幼共同制订春游计划，绘制春游路线图，讨论春游中要注意的问题。商量春游要带的物品等	"轻""较重""重"标记的塑料筐，筐里放蓝、绿、红三色的重量不同的负重背包	去郊游爬山过河钻山洞
	民间游戏区	师幼共同营造春天植树的场景	跳房子、小推车、"小树"、纸板箱，泡沫板制作格子当"房子"	种树

主题名称	设置区域	情境设置	投放材料	可能引发的活动
各行各业的人	车行区	师幼共同将纸箱等包装成包裹，布置邮局场景	扭扭车、滑板车、轮胎车、脚踏车、拖拉车、小推车、皮球、积木等小型玩具	快乐邮递员
	球区	为幼儿提供音乐，营造篮球比赛对抗、花样表演的游戏情境	篮球、篮球架、圆筒形的滑滑梯、大型滚筒	篮球明星投篮游戏
	民间游戏区	提供舞龙舞狮、抬轿子、翻花绳等相关图示	铁环、"房子"、舞龙舞狮的材料、"轿子"、翻花、高跷	我是传承人舞龙舞狮滚铁环抬轿子
勇敢的我	车行区	师幼共同将纸箱等包装成不同重量的包裹，布置邮递员送货的游戏场景	设置送快递线路，分设3条难度不同的路线，准备"轻""较重""重"标记的包裹，三轮车、脚踏车、平衡车、扭扭车	勇敢的快递员负重爬山负重过河钻山洞
	综合运动区	师幼共同创设有挑战性的游戏场景	各种型号的竹梯、每个竹梯的阶梯上贴有1～6数字，旧轮胎4～5个	好玩的竹梯各种各样的桥

第三节　资源体系

支架式户外体育区域自主活动的资源是幼儿开展活动的重要支架，是整个活动开展过程中的一切人力、物力和自然环境的总和。支架式户外体育区域自主活动的资源包含相关人员、环境、材料等多方面的内容。环境资源主要是关于空间、场地的资源；材料资源主要是教师重新认识、研究、开发、投放的各类活动材料（图3-4）。

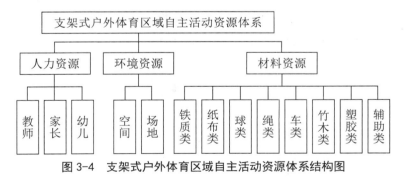

图3-4　支架式户外体育区域自主活动资源体系结构图

一、人力资源

参与活动开展的一切人员，主要包括教师、幼儿、家长。

二、环境资源

（一）空间

幼儿园的地面、楼顶、墙面、角落、固定设施都是可利用的环境资源。我们通过地面扩展、立体开发、空中延伸等方式，对这些资源进行充分开发，为幼儿的户外体育区域活动提供足够的空间。

（二）场地

幼儿园不同的场地能够带给幼儿不同的运动体验，适合开展的活动也不相同。对不同场地的功能、价值的深入挖掘，充分利用，充分拓展幼儿户外活动场地。

三、材料资源

在实践中，重新认识材料、研究材料，形成了全新的材料观。本书认为，体育区域活动材料不仅是指专门为幼儿游戏购买和制作的玩具，还包括用于幼儿游戏的任何日常物品和自然材料。凡是被用于幼儿体育区域活动、游戏的一切物品都属于体育区域活动材料。因此，将购买与教师自制相结合，开发了铁质类、竹木类、塑胶类等各类材料资源，保障幼儿活动的开展。

铁质类：易拉罐、奶粉罐、铁环、饼干盒……

纸布类：纸箱、纸盒、纸球、纸棒、布球、布袋、沙包……

球类：篮球、足球、乒乓球、纸球、跳跳球、羊角球、抛接球……

绳类：皮筋、布绳、毛线绳、单绳、长绳……

车类：脚踏车、平衡车、三轮车、载货车、平板车、轮胎车……

竹木类：竹梯、木梯、单梯、攀爬梯、长木板、竹竿、木箱、陀螺、积木……

塑胶类：塑料大型积木、轮胎、滚筒、雪糕筒、呼啦圈……

辅助类：垫子、球拍、交通标志、警察帽……

第四节　活动模式

基于支架式教学的基本流程：搭脚手架—进入情境—探索认知—效果评价，结合体育区域自主活动的特点，形成了支架式户外体育区域自主活动的两种活动模式，即自由式体育区域自主活动一般模式和主题式体育区域自主活动一般模式，两者都强调幼儿自主探索与学习。

一、自由式体育区域自主活动一般模式

自由式体育区域自主活动的一般活动模式为热身运动—自由结伴、自选游戏区域—自主游戏—收拾整理—分享交流。

（一）热身运动

在前期环境、材料支架搭建的基础上，教师带领幼儿开展自主体育区域活动。选择适合的音乐带领幼儿进行热身运动，调动幼儿情绪，为活动的开展做好身体和心理的准备。

（二）自由结伴、自选游戏区域

在热身运动后，幼儿开始自由选择同伴、自主选择喜欢的游戏区域，准备进行区域活动，教师观察幼儿对材料的兴趣，逐步引导幼儿建立活动规则。

（三）自主游戏

幼儿积极投入活动，教师要做一名安静的观察者，耐心观察幼儿的游戏情况，以确定是否需要介入指导幼儿的游戏，为幼儿提供策略支持。

（四）收拾整理

活动结束，引导幼儿与同伴共同收拾整理活动材料，要求幼儿归放有序，教师要注重培养幼儿整理材料的能力，让他们养成做事有始有终的良好习惯。

（五）分享交流

在整理好活动材料后，幼儿可以共同交流自己的游戏情况，以谈话、反思的形式形成有益经验，大家共同分享，随音乐放松身体。

自由式体育区域自主活动流程图如图 3-5 所示。

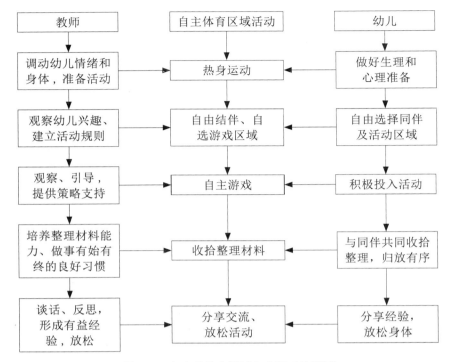

图 3-5 自由式体育区域自主活动流程图

二、主题式体育区域自主活动一般模式

（一）热身运动

教师选择适合的音乐带领幼儿进行热身运动，调动幼儿情绪，为活动的开展做好身体和心理的准备。

（二）介绍（产生）主题

准备活动后，教师向幼儿介绍本次游戏活动的主题，主题可以根据幼儿的兴趣点预设，也可以在幼儿讨论中产生。

（三）自由结伴、自选主题区域

了解了游戏主题后，幼儿开始自由选择同伴、自主选择喜欢的游戏区域，准备进行体育区域活动，教师逐步引导幼儿建立活动规则。

（四）布置主题环境

选定游戏区域后，幼儿与同伴共同商量、自主布置区域主题环境，教师为幼儿提供材料支持。

（五）围绕主题自主游戏

幼儿积极投入活动，教师要做一名安静的观察者，耐心观察幼儿的游戏情况，以确定是否需要介入指导幼儿的游戏，为幼儿提供策略支持。

（六）收拾整理

活动结束，引导幼儿与同伴共同收拾整理活动材料，要求幼儿归放有序，教师要注重培养幼儿整理材料的能力，让他们养成做事有始有终的良好习惯。

（七）分享交流、放松

在整理好活动器材后，幼儿可以共同交流自己的游戏情况，以谈话、反思的形式形成有益经验，大家共同分享，随音乐放松身体。

主题式体育区域自主活动流程图如图 3-6 所示。

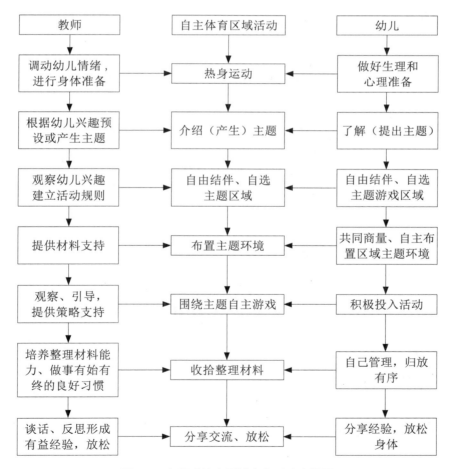

图 3-6　主题式体育区域自主活动流程图

第五节　支持体系

在支架式体育区域自主活动中，教师的支持指导是关键。教师要转变自己的角色，学会退到幼儿的身后，让自己成为幼儿活动的支持者、引导者、合作者。在实践中，我们总结形成了观察解读—适时介入—有效指导的教师支持体系（图3-7）。

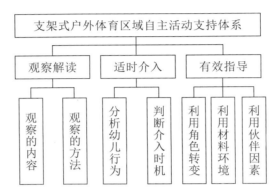

图3-7　支架式户外体育区域自主活动支持体系结构图

一、观察解读

实施教育，观察先行。体育区域活动是一种自主活动，幼儿是活动的主体，观察和解读幼儿在体育区域活动中的行为是教师支持和指导幼儿的基础。

在实践中，从教师在活动中观察幼儿的哪些方面、运用哪些观察方法等内容来构建教师观察解读的体系，有效地观察幼儿在活动中的表现。

二、适时介入

教师要关注幼儿的游戏过程，有效推动幼儿的发展，教师的介入应该是适时、适当和适度的，教师不仅要分析幼儿的行为，还要判断介入的正确时机，通过适时的介入来推动幼儿活动的开展。

三、有效指导

指导策略依活动情境不同而不同，教师要根据活动情境，通过角色转换、材料、同伴等，灵活运用各种策略，有效指导幼儿区域活动。以下制定了教师指导的几条策略，从而指导教师更好地为幼儿的活动提供帮助（表3-4）。

表 3-4 支架式户外体育区域自主活动中的教师支持

教师支持	项目	具体内容
观察解读	观察的内容	幼儿选择活动的自由化程度
		幼儿对不同运动的兴趣与态度
		幼儿参与运动的专注程度
		幼儿利用器械及辅助材料情况
		幼儿在游戏中遇到的困难和问题
		同伴交往、合作等社会性表现
		幼儿在想象力和创造力方面的表现
		幼儿在运动中所表现出来的不同个性
	观察的方法	扫描式观察
		定点观察
		追踪式观察
适时介入	分析幼儿行为	把握幼儿身心特点和发展水平
		把握幼儿发展的关键经验
	判断介入时机	根据幼儿年龄及游戏情况选择介入时机
		解读幼儿言行，选择介入时机
		发生突发事件，需要及时介入
有效指导	利用角色转变，支持幼儿活动	成为幼儿活动的观察者、支持者、引导者、参与者
	利用材料环境，传递指导意图	利用材料激发幼儿的游戏兴趣
		利用材料调节幼儿游戏行为
	利用伙伴因素，指导支持幼儿	年龄大的幼儿带动年龄小的幼儿
		能力强的幼儿带动能力弱的幼儿

第六节 评价体系

支架式户外体育区域自主活动的评价是多元的、真实的，对活动自身的价值及活动的实施起着重要的导向和质量监控作用。评价的目的、评价的指标体系和评价的方法等各方面都直接影响着活动功能的发挥。在评价中，我们关注个体差异，重视评价指标的多元化、评价方法的多样化，在实践中逐步形成了对活动中的幼儿、教师以及活动环境的评价体系（图 3-8）。

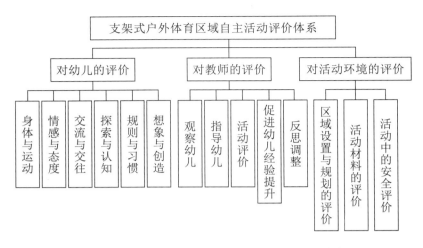

图 3-8　支架式户外体育区域自主活动评价体系结构图

一、对幼儿的评价

（一）评价内容

1. 身体与运动

体育区域自主活动的最终目的是促进幼儿的身体健康发展，因此"身体与运动"是对幼儿评价的一个重要内容。对幼儿"身体与运动"的评价主要包括以下几个方面：幼儿是否具有健康的体态；是否具有一定的平衡能力，动作是否协调灵敏；是否具有一定的力量和耐力。

2. 情感与态度

《幼儿园教育指导纲要（试行）》指出："在体育活动中，培养幼儿坚强、勇敢、不怕困难的意志品质和主动、乐观、合作的态度。""情感与态度"是幼儿在参与活动过程中所体现出来的良好、积极的行为倾向。幼儿是否喜欢体育活动，能否自主选择区域、材料、同伴，自主发起体育区域活动，在活动中是否有不怕困难，勇于挑战，具有自尊、自信、自主的表现等，都是幼儿情感与态度的重要表现。

3. 交流与交往

幼儿在与他人交流交往的过程中，不断提升社会适应能力，户外体育区域自主活动为幼儿提供了自由交往和游戏的机会，幼儿能够自主选择、自由结伴开展活动。幼儿在活动中如何与同伴交往交流，如何在交往中学会互助、合作与分享，学会清楚地表达自己的意愿等是幼儿社会性发展的重要表现，也是对幼儿交流与交往评价的主要内容。

4. 探索与认知

在户外体育区域自主活动中，幼儿的发展是多元的，不仅指向幼儿动作发展、情感态度、交流交往，也指向了幼儿在活动中的探索与认知，因此探索与认知也是评价内容之一。通过评价幼儿对材料的兴趣、对材料的探究情况、利用材料开展游戏等的情况，能够帮助幼儿更好地认识周围的事物和现象，发展初步的探究能力。

5. 规则与习惯

户外体育区域自主活动是幼儿完全自主的活动，在活动中，幼儿是否具有良好的生活、运动习惯，能否理解并遵守基本的活动规则，是否具备基本的安全知识和自我保护的能力等是对幼儿评价的内容。

6. 想象与创造

评价内容主要包括幼儿与材料互动的过程中，大胆想象，充分利用材料的特性，创造性使用，自主构建自己想玩的游戏情境，玩自己想玩的游戏。

（二）评价方式

1. 个案追踪记录

主要通过对幼儿在较长时间内的活动、行为等方面进行跟踪观察和分析，以反映幼儿在一段时间内的学习过程和成长轨迹。个案追踪记录有利于教师有针对性地了解幼儿近期的发展情况，也便于教师在与幼儿的互动中持续地观察和评估他们的发展潜能，调整教师给予的环境支架、材料支架、经验支架，调整教育策略，并给予适宜的支持，引导幼儿向更高水平发展。

2. 幼儿活动评估表

教师根据一定的指标，对幼儿在活动中反映出来的动作发展、情感与态度、交流与交往、探索与认知、规则与习惯等各个方面的发展情况进行评估，初步了解幼儿在活动中的动作发展、投入程度、经验获得、能力发展状况等。

3. 教师观察分析记录

教师对幼儿在户外体育区域自主活动中的语言和行为进行观察、记录，并分析其行为背后蕴含的原因，形成一定的教育策略。教师通过观察分析可以了解幼儿在活动中的表现，了解并分析幼儿发展特点和发展状况，及时调整教育方法。支架式户外体育区域自主活动幼儿评价表，如表3-5所示。

表 3-5   支架式户外体育区域自主活动幼儿评价表

评价要点		标准分	得分
身体与运动	具有一定的平衡能力	☆ ☆ ☆	
	动作协调、灵敏	☆ ☆ ☆	
情感与态度	根据自身的意愿自主选择体育活动区域	☆ ☆ ☆	
	在活动中专注、持续	☆ ☆ ☆	
	遇到困难能积极面对，不轻易放弃	☆ ☆ ☆	
交流与交往	愿意与同伴共同活动	☆ ☆ ☆	
	能与同伴共同协商解决问题	☆ ☆ ☆	
探索与认知	喜欢尝试新材料及具有一定挑战性的材料	☆ ☆ ☆	
	能够探索出同一种玩具更有创意的玩法	☆ ☆ ☆	
规则与习惯	遵守各区域的规则	☆ ☆ ☆	
	游戏结束后共同收拾整理区域材料	☆ ☆ ☆	
想象与创造	大胆想象，创造性使用材料表达表现	☆ ☆ ☆	
	主动探索材料的多种玩法，玩法具有创新性	☆ ☆ ☆	

二、对教师实施课程的评价

（一）评价的内容

1. 观察幼儿

教师在活动中是否有明确的观察目的和观察重点；能否科学、客观地观察幼儿，敏锐地发现问题；能否将全面观察和个别观察相结合。

2. 指导幼儿

教师在活动中是否能够把握好介入指导的时机，能否选择恰当的方法与策略进行适时、适宜的指导。

3. 促进幼儿经验提升

教师在活动中是否能够丰富和提升幼儿经验。

4. 活动评价

教师对活动的评价是否客观并具有针对性，能否推动区域活动的进一步开展，评价是否关注了幼儿的个体差异。

5. 反思调整

教师能否根据幼儿的活动情况对各区域的环境材料进行补充和调整，能否根据评价结果反思教育中存在的不恰当之处并及时调整。

（二）评价方式

1.现场活动评析

通过教师评价表及教师之间的活动评议，对教师的活动组织水平和教育效果进行综合性评价。一方面，使用相关的评价表对教师组织活动进行系统的观察记录，并通过相应的观察指标进行评价；另一方面，通过教师之间的集体研讨、评课议课对教师的教学水平和效果进行评价。

2.教师的自我反思

通过教师的自我反思（活动反思、教育案例、教育心得等），了解教师在课程实施中的理念、行为等，对教师进行评价。

支架式户外体育区域自主活动教师评价表，如表3-6所示。

表3-6　支架式户外体育区域自主活动教师评价表

	评价要点	标准分	得分
观察幼儿	在活动中有明确的观察目的和观察重点	☆☆☆	
	科学、客观地观察幼儿，敏锐地发现问题	☆☆☆	
	将全面观察和个别观察相结合	☆☆☆	
指导幼儿	把握好介入指导的时机	☆☆☆	
	选择恰当的方法与策略进行适时、适宜的指导	☆☆☆	
促进幼儿经验提升	丰富和提升幼儿经验	☆☆☆	
活动评价	评价客观并具有针对性，推动区域活动的进一步开展	☆☆☆	
	评价关注幼儿的个体差异	☆☆☆	
反思调整	根据幼儿的活动情况对各区域的环境材料进行补充和调整	☆☆☆	
	根据评价结果反思教育中存在的不恰当之处并及时调整	☆☆☆	

三、对活动环境的评价

（一）评价内容

1.区域设置与规划评价

区域的设置影响幼儿活动的效果。在评价体育区域的设置时，可以考虑以下几个方面。

（1）区域的设置：是否科学合理，在分析了解幼儿的运动水平和兴趣的基础上，根据教育目标和任务，拟定、设置体育活动区域的种类。

（2）区域的数量：区域的数量是否科学合理，是否主要依据幼儿园的空间环境条件和幼儿人数而定，利用幼儿园现有环境设置区角。

（3）区域的布局：因地制宜，要根据幼儿园场地的位置、大小、地面特点及大型游戏器械的摆放位置，划分不同的运动区域。固定运动器械区、可移动运动器材区和自然游戏区相结合。

（4）区域的动态性：区域的设置不是一成不变的，可根据幼儿的兴趣和目标更换、调整区域设置，投放相应材料。

2. 区域自主活动材料评价

支架式户外体育区域自主活动的一个很大的特点是，教师将教育目的内含于材料之中，幼儿的发展更多地是在与材料的互动中实现的。因此，支架式户外体育区域自主活动中材料的提供情况是对幼儿园体育区域自主活动评价的一个重要方面。在评价支架式户外体育区域自主活动材料时，可以考虑以下七个方面：

（1）安全性：所提供和投放的材料必须安全、卫生，这是最基本的要求。在强调利用废旧材料作为自制区域活动材料时，应注意并非所有的废旧材料都可以作为体育区域自主活动材料，安全、卫生是首先要考虑的。

（2）教育性：材料是支撑幼儿游戏的基础，是实现教育目标的重要途径。教师要根据幼儿的年龄特点、动作发展目标和幼儿某项运动能力发展的需要，有针对性地选择、投放或设计提供能使幼儿得到锻炼的器材、材料，并保证数量。

（3）多样性：支架式户外体育区域自主活动的教育功能主要是通过活动材料来实现的，我们力求投放的材料丰富多样，低结构和非结构材料相结合，既能促进幼儿动作的发展，又能使幼儿感兴趣。

（4）层次性：在材料的投放中考虑到幼儿的年龄、能力以及兴趣的差异，提供层次不同的材料，尽可能地满足不同发展水平幼儿游戏的需要。

（5）趣味性：在体育区域自主活动中，有趣的材料会引发幼儿的热情和积极性，特别是颜色鲜艳、形象生动夸张的材料，年龄越小，这一特征越明显。对于体育区域活动来说，"有趣"不一定有很大的创新，要非常精致，"有趣"可能表现为某一突出的特点，和幼儿的年龄特点相吻合。

（6）可变性：材料应能激发幼儿动脑思考、探索多种玩法，活动器械能一物多玩、变形重组。

（7）挑战性：投放的材料对幼儿要有挑战性，要充分锻炼幼儿的体能。

3. 区域自主活动中的安全评价

由于幼儿的大肌肉动作和身体素质均处于发展的过程中，动作能力较差，动作不够灵敏、协调，耐力较差，而幼儿对危险的事物或行为的认识和判断能力有限，自我保护能力较差；幼儿还具有爱探索、爱冒险、易兴奋等特点。因此，开展体育区域自主活动，安全工作是非常重要的。

围绕支架式户外体育区域自主活动中的安全评价，应重点关注以下四个方面。

（1）场地安全：体育区域活动场地要开阔、平坦，场地及周围无不安全物品。

（2）材料安全：运动器材要牢固、安全且适合幼儿，活动材料要安全，同时要定期检查更换。

（3）活动规则：各区域场地有相关安全要求及活动规则。

（4）安全教育：教师在活动前提出必要的安全要求，在活动中对幼儿进行安全保护、指导和教育，并随时对运动器材、运动内容、运动量进行调整，以适应幼儿活动的需要，防止幼儿受伤。

（二）评价方式

活动前的评估：主要针对体育区域的规划和设置是否科学合理、数量是否充足、布局是否合理、材料的投放情况及场地、材料的安全等方面开展评估，保障活动的正常开展。

活动中的观察：活动开展过程中，观察幼儿在区域中活动的情况、对材料的兴趣、与材料互动的情况以及活动中的安全问题等。

活动后的评议：根据活动中观察到的情况，对活动的区域设置是否科学合理、材料投放是否适宜有效、能否保障幼儿活动安全几个方面进行评议，并以此作为改进活动区域设置、材料投放及保障幼儿安全的依据。

活动调整与改进：针对活动中发现的问题提出调整与改进的措施，并及时加以改进。

支架式户外体育区域自主活动的活动环境评价表，如表3-7所示。

表3-7　支架式户外体育区域自主活动的活动环境评价表

	评价要点	标准分	得分
区域的设置	区域的设置科学合理	☆☆☆	
	充分利用幼儿园现有环境设置区角，满足幼儿活动需要	☆☆☆	
	布局合理，因地制宜。固定运动器械区、可移动运动器材区和自然游戏区相结合	☆☆☆	
	区域的设置呈动态性，可根据幼儿的兴趣和目标统筹安排，更换、调整区域设置，投放相应材料	☆☆☆	
材料的投放	安全性：投放的材料必须安全、卫生，适合幼儿玩耍	☆☆☆	
	教育性：提供的材料对幼儿的发展有促进作用，使幼儿得到锻炼	☆☆☆	
	多样性：材料丰富多样，低结构和非结构材料相结合	☆☆☆	
	层次性：在材料的投放中考虑到幼儿的年龄、能力以及兴趣的差异，提供不同层次的材料	☆☆☆	
	趣味性：材料有趣，能够吸引幼儿	☆☆☆	
	可变性：材料能激发幼儿动脑思考、探索多种玩法，活动器械能一物多玩、变形重组	☆☆☆	
	挑战性：投放的材料对幼儿要有挑战性，要充分锻炼幼儿的体能	☆☆☆	

	评价要点	标准分	得分
运动的安全	场地安全：场地开阔、平坦，场地及周围无不安全异物	☆☆☆	
	材料安全：运动器材牢固、活动材料安全并适合幼儿，定期检查更换	☆☆☆	
	活动规则：各区域场地有相关安全要求及活动规则	☆☆☆	
	安全教育：对幼儿进行安全保护、指导和教育	☆☆☆	

第七节　保障体系

幼儿园要积极创设条件、保证经费，为支持支架式户外体育区域自主活动的顺利开展提供保障。

一、时间保障

《3~6 岁儿童学习与发展指南》规定，幼儿每天的户外活动时间一般不少于两小时，其中体育活动时间不少于 1 小时。为保障幼儿的户外体育区域活动的时间，园内统筹协调安排，统一要求，每天 8：30—9：00 晨间活动开展体育区域活动，每周保证一个上午和一个下午的时间全园开展体育区域活动，一周两次，每次时间大约在一个小时，并随着天气变化随时调整（表 3-8）。

表 3-8　宜宾市鲁家园幼儿园户外体育区域活动每周时间安排表（2018 年春期）

周次	时间	上午（10：20—11：10）	下午（4：00—4：40）
第一周	2018 年 3 月 5 日—3 月 9 日	星期一	星期三
第二周	2018 年 3 月 12 日—3 月 16 日	星期二	星期四
第三周	2018 年 3 月 19 日—3 月 23 日	星期三	星期五
第四周	2018 年 3 月 26 日—3 月 30 日	星期四	星期二
第五周	2018 年 4 月 2 日—4 月 06 日	星期五	星期一
第六周	2018 年 4 月 9 日—4 月 13 日	星期一	星期三
第七周	2018 年 4 月 16 日—4 月 20 日	星期二	星期四
第八周	2018 年 4 月 23 日—4 月 27 日	星期三	星期五
第九周	2018 年 4 月 30 日—5 月 4 日	星期四	星期二
第十周	2018 年 5 月 07 日—5 月 11 日	星期五	星期一
第十一周	2018 年 5 月 14 日—5 月 18 日	星期一	星期三
第十二周	2018 年 5 月 21 日—5 月 25 日	星期二	星期四
第十三周	2018 年 5 月 28 日—6 月 1 日	星期三	星期五
第十四周	2018 年 6 月 4 日—6 月 8 日	星期四	星期二

周次	时间	上午（10：20—11：10）	下午（4：00—4：40）
第十五周	2018 年 6 月 11 日—6 月 15 日	星期五	星期一
第十六周	2018 年 6 月 18 日—6 月 22 日	星期一	星期三
第十七周	2018 年 6 月 25 日—6 月 29 日	星期二	星期四
第十八周	2018 年 7 月 2 日—7 月 06 日	星期三	星期五

二、场地保障

在保障时间的基础上，我园统筹安排活动场地，每个班级定期轮换，保证幼儿在每个区域都能够自选材料自主开展活动，获得不同的经验和发展（表 3-9）。

表 3-9　宜宾市鲁家园幼儿园户外体育区域活动混龄混班安排表（2019 年春期）

区域名称	内容	地点	班级				
			2019 年 3 月	2019 年 4 月	2019 年 5 月	2019 年 6 月	2019 年 7 月
球区	小弹跳球、海洋球、皮球、保龄球、跳跳球、羽毛球等，包括攀爬区	内操场	小三班、中四班各一半幼儿	中三班、大一班各一半幼儿	中二班、大三班各一半幼儿	小二班、中一班各一半幼儿	小二班、大一班各一半幼儿
车行区	扭扭车、三轮车、脚踏车	厨房外操场	小一班、大二班各一半幼儿	小三班、中四班各一半幼儿	中三班、大一班各一半幼儿	中二班、大三班各一半幼儿	小二班、中一班各一半幼儿
综合运动区	综合区建构材料及运动走廊	外操场	小二班、中一班幼儿	小一班、大二班幼儿	小三班、中四班幼儿	中三班、大一班幼儿	中二班、大三班幼儿
民间游戏区（一）	铁质类：铁环、奶粉罐、铁质高跷、手推车、跳房子	厨房楼顶	中二班、大三班各一半幼儿	小二班、中一班各一半幼儿	小一班、大二班各一半幼儿	小三班、中四班各一半幼儿	中三班、大一班各一半幼儿
民间游戏区（二）	竹木类：高跷、竹竿、毽子　绳类：跳绳、长绳、揪尾巴、橡皮筋	三楼草坪、风雨操场	中三班、大一班各一半幼儿	中二班、大三班各一半幼儿	小二班、中一班各一半幼儿	小一班、大二班各一半幼儿	小三班、中四班各一半幼儿

三、材料保障

保障户外体育区域自主活动材料的有效提供，有适宜的、类多量足的活动材料，专人管理，定期检查，及时更换，保障幼儿园户外体育区域自主活动的顺利开展。

四、人员保障

幼儿园在课程开展中，积极选调具有钻研精神的教职人员参与其中，特别是要充分利用省、市、区各级骨干教师的专业优势，为课程的研究和开展提供人员保障。

五、经费保障

幼儿园为户外体育区域自主活动的开展提供充足的经费保障，为活动提供环境改造、材料投放、教师外出培训、购买专业书籍等的经费支撑。

第四章　突破壁垒：支架式户外体育区域自主活动体系的实施

　　支架式户外体育区域自主活动体系从多角度保障儿童自主活动的权利，为幼儿的户外体育区域自主活动构建环境支架、提供材料支架、搭建经验支架，通过教师活动支持、活动诊断改进，为幼儿活动提供支持，通过灵活应用多种支架保障幼儿活动顺利开展。

第一节　创设有准备的环境，为幼儿提供活动空间和丰富的游戏体验

　　场地环境是开展体育区域自主活动的基础和前提，是保障幼儿游戏权利的基本条件，能给幼儿提供极其丰富的游戏体验。通过有效开发、规划和利用场地，拓展运动空间，保障体育区域活动的顺利开展。

一、挖掘有效空间，拓展运动场地

　　空间场地是开展户外体育区域活动的基础，保证幼儿有空间玩、有地方玩是保障幼儿游戏权利的条件之一。我园主要通过地面扩展、立体开发、楼顶延伸等方式，拓展运动场地，给幼儿提供更广阔、更自然的运动空间，带给幼儿更丰富的游戏体验。

（一）挖——充分利用立体空间

　　通过撤、移、建、添等方式，挖掘利用好地面、墙面、角落等空间，进一步拓展户外运动区域。

1.地面扩展

　　将闲置和废弃的角落进行了拆除、改造、修整，如教学楼窗台外原来是一个花园，内有喷泉、假山和绿植，仅有美化功能，将之拆除，依势建成坡地，铺上草坪，建上小桥、水池，放上轮胎、树桩，将其改造成自然野趣区，变成孩子们玩耍的乐园，

凸显了教育功能；拆除原来的旧车棚，进行地面改造，清理多余的摆设物等，拓宽了运动空间。

2. 立体开发

充分利用大树、墙面等，通过挂、吊等方式开发立体空间，如围绕大树建起了树屋，在大树上搭上软梯、绳网，供幼儿攀爬；在运动长廊上吊上了高低不同的沙包、小球、毛绒玩具，供幼儿练习跳跃；围墙上设置了攀爬木梯，打结软绳，供孩子们自由悬吊和攀爬；就连楼梯经过打造，也变成了孩子们民间游戏的场所，成为孩子们最喜欢玩的"梯梯猫儿"的好地方。

3. 空中延伸

在进行地面发散和立体开发的同时，我们又打起了楼顶的主意，把闲置的楼顶充分利用改造，变成孩子们的又一个运动天地，如教学楼的顶楼，原是一片闲置的区域，重新安装了标准化护栏，一侧装上了阳光雨棚，一侧铺上了软软的草坪；在厨房的楼顶，也通过打扫整理，变成了孩子们的又一个运动天地。

空间的挖掘和改造促使场地空间的规划和幼儿的发展有机结合，使户外运动区域得到进一步拓展。

（二）变——拓展公共区域功能，实现一区多用

在幼儿园的一些公共区域，每天都有一定时间段的闲置，我们针对其不同的特点，进行一场多用的改造，如幼儿园操场到厨房的送菜通道，设置成了车行区；三楼到四楼（楼顶）的楼梯，在保证安全的前提下，把它变成了孩子们民间游戏"跳梯子""剪刀、石头、布"的最佳场所；多功能活动区，放置了不同材质的垫子，变成了孩子们的"垫上乐园"。通过一区多用，打破了公共区域的固定空间功能，拓展了运动空间，提升了空间利用率。

（三）换——打破班级、时间界限，实现场地共享

主要通过以下两种方式，实现场地的有效利用。

一是打破班级界限，开展全园性混班混龄体育区域活动。将全园教师统筹安排，定点定人，每个区域主要由班级教师负责，每个成员负责区域中的一个项目，责任到人，幼儿自选活动项目，共享活动区域，提高了场地的利用率。

二是调整作息时间，由幼儿园统筹安排，错时使用场地，实现了场地的有效利用，确保每个孩子都有充分的体育锻炼时间。

二、利用地形规划区域，帮助幼儿获得多种运动体验

不同的地形特征能够给幼儿带来不同的运动体验，我们充分挖掘和利用幼儿园的地形特点，设计划分运动区域，有意设计尽可能低结构的环境，支持幼儿在不同环境中，获得多种运动体验和经验，为儿童的自主游戏创造无限可能。

（一）根据场地特征，设置不同运动区域

（1）外操场：外操场平整开阔，铺设了地胶软地面，适合开展综合性的跑、跳、钻、爬等活动，而幼儿动作正处于发展过程中，不够灵敏协调，自我保护能力较差，需要有一定弹性的软质地面，因此把外操场设计为跑、跳、平衡等综合运动区，提供大型运动玩具、箱子、轮胎、木板架、梯子、竹竿、木桩、积木等，供幼儿练习走、跑、跳、攀爬等。

（2）教学楼通道：教学楼后面由操场到厨房之间有一条长长的硬质通道，前面有个小操场，非常适合幼儿玩车类游戏。教师和孩子们共同设计画上了行车线、斑马线、停车位，摆放各类车，如三轮车、滑板车、平衡车、推车、扭扭车以及加油站、休息站的相关材料、各类标志和辅助物等。

（3）后操场：这里远离水池、树木，三面环墙，可避免投掷物投出活动范围，因此把这里设置为球区。

（4）厨房楼顶：厨房楼顶的活动场地开阔平坦，但处于楼顶，适合玩一些运动量较小、幅度偏小的运动。在这里提供铁质类的体育器械，如铁环、拖拉玩具、梅花桩、小推车等。

（5）教学楼顶：将竹木类、绳类、布类的民间游戏的材料，如竹竿、毽子、跳绳、陀螺等投放于此，使孩子们在玩耍的同时感受丰富的民间文化。

表 4-1 为根据场地特征设置不同运动区域。

表 4-1　根据场地特征设置不同运动区域

地点	地面特征	设置区域
外操场（面积最大）	平整开阔，地胶软地面，适合开展综合性的跑、跳、钻、爬等活动	综合运动区：跑、跳、平衡等综合运动区，提供大型运动器材、木架、梯子、竹竿、木桩、积木、木板等
操场到厨房之间的通道	硬质地面	车行区：提供各类车，如三轮车、拖拉车、滑板车、平衡车、推车、扭扭车、板凳及各类标志等
后操场	三面环墙，远离水池、树木，可避免投掷物投出活动范围	球区：皮球、跳跳球、羽毛球等
厨房楼顶	开阔平坦，但处于楼顶，适合玩一些运动量较小、幅度偏小的运动	铁质类区：提供铁环、拖拉玩具、梅花桩、小推车及跳格子等
教学楼顶	草坪、塑胶地面	竹木类、绳类、布类区：如竹竿、毽子、跳绳、陀螺等

（二）利用地形特征，创设自然野趣环境

户外环境的多样性会为幼儿提供更多的条件对活动进行更加深入的探索。我们因地制宜创设多样化地形，依据地形创设了小树林、土坡、草坪、山洞、石子小路、沟渠、木桩、吊绳、大树等自然野趣和多种挑战性地形，使幼儿在奔跑、追逐、攀爬、跳跃中体验不同场地特征对身体控制能力的不同要求，获得多种运动体验。

（三）打破场地功能限制，主要根据材料命名区域

相同的材料可以有不同的玩法，发展不同的动作。因此，我们打破了体育活动区域以走、跑、跳、爬等动作来命名，限制场地功能的传统做法，以材料或场地特征对体育区域进行命名，将区域分为车行区、球区、绳区、铁质类区等，将传统的野战区命名为野趣区。这种命名方式让幼儿的游戏不再局限于某一类动作的游戏，避免了因为区域功能命名而造成幼儿对体育区域活动内容和形式的限制。

第二节　提供开放多元的材料，激发幼儿兴趣

材料在体育区域活动中具有重要作用，提供适宜的材料让幼儿有东西玩是保障儿童自主游戏的条件之一。我们通过提供多样化材料，开放式投放材料，激发幼儿兴趣，为幼儿的自主探索提供无限空间。

一、材料的特征与种类

幼儿园体育区域活动是一种自主游戏，是幼儿通过与材料、与同伴互动进行的自发学习。教师对幼儿活动的影响更多地是通过对材料的投放来实现，材料在幼儿体育区域活动中具有重要价值，因此首先研究材料。

（一）研究材料的特征

材料本身的特点和属性能引发幼儿的相应操作，幼儿也能根据自己的兴趣选择对材料的不同操作方式，材料的特点不同，玩法也不一样，幼儿可能获得的经验是不一样的。具有什么样特征的材料能最大限度地支持幼儿的自主探究与学习？在研究中，总结出了体育区域自主活动中材料的特征。

（1）低结构：低结构和非结构材料能让幼儿玩出多种玩法、多种游戏，使幼儿不再局限于某种玩法，提高幼儿对体育锻炼的兴趣，发展基本动作，提高想象力、创造力、自主能力，从而促进幼儿的全面发展。在材料的选择上，主要提供两种：一种是不设计具体目标、没有设计玩法的非结构材料；另一种是目标非常隐蔽，不限定玩法的低结构材料。让孩子们用这些材料玩出多种花样，如一个梯子，孩子们把它平放，练习过小桥，练习跳跃，侧放练习钻山洞，多种玩法，满足幼儿的自主探索和学习需求。

（2）可移动：材料可根据活动需要，灵活操作或移动，满足幼儿的各种游戏需要。在材料的设计过程中，我们充分考虑到材料的可移动性，根据幼儿的年龄特点进行了专门的选择与设计，材料的大小、长短、重量都设计为幼儿能够搬运的重量，同时为了便于幼儿一次性搬运大量材料和较重的大型材料，开发了搬运材料的木板车、木箱等。材料的可移动性使幼儿对材料的使用更加灵活，为幼儿创造性使用这些材料提供了便利。

（3）可组合：不同类型、不同特点的材料可以自由组合，随时改变组合方式，满足幼儿的不同活动需求，最大限度地激发幼儿的探索兴趣和创造力。在材料设计之初，我们就特别重视材料的组合，每件材料的大小、规格都做了精心的设计，便于多种材料的自由组合。例如，木板的宽度与梯子的宽度相符，木箱上的空洞与梯子相符，材料之间的接口相互吻合，积木能互相拼接组合等，为幼儿提供了多种组合选择。

（二）研究材料的种类

我们精心选择、设计了多种材料，支持幼儿在游戏中的探索和发现。以下重点介绍各区域最典型的游戏材料。

（1）竹木类：主要包括竹梯、木梯、木箱、木板等，每种材料的长度、宽度、高度都有不同的规格，幼儿可以通过不同的组合，开发不同的玩法，获得多方面的发展。

（2）塑胶类：主要包括大型塑料玩具、滚筒、轮胎等。

（3）小车类：主要包括各种各样的成品小车，如三轮车、扭扭车、脚踏车、小推车以及自制的平板车、箱车等。

（4）铁质材料类：主要有易拉罐、铁环、饼干盒等。

（5）球类：主要有跳跳球、篮球、足球、羊角球、羽毛球、乒乓球等。

（6）其他：包括各种辅助材料，如球拍、垫子、毽子、跳绳、陀螺、交通标志、主题材料辅助物等。

二、材料开发

（一）材料开发的原则

（1）安全环保原则：保护幼儿的安全是《幼儿园教育指导纲要（试行）》的明确要求，在材料的开发上必须坚持安全第一的原则。

（2）便捷耐用原则：一是取材容易，体现地方特色，成本低廉；二是结合幼儿园户外场地面积不大这一具体实际，考虑"轻便、灵活"的特点，以小器械、小材料，低结构为主；三是结实耐用，便于重复使用。

（3）发展适宜原则：教育除了追随幼儿的兴趣，还应引领幼儿的发展。发展适宜主要体现在以下几点：一是教育性，使材料蕴含教育目标，同时通过幼儿与材料的互动渗透其他领域的目标；二是层次性，材料能够满足不同年龄、不同发展水平的幼儿；三是材料符合幼儿的年龄特点，激发幼儿参与体育区域活动的兴趣。

（二）材料开发的策略

1. 发现材料的新用途

游戏材料是被用于幼儿游戏的一切物品，身边大量的本土材料、自然材料和废旧材料都可以成为体育区域活动的新材料，如一根竹竿、一个油桶、一条长凳、一个布条都是一件非常好的低结构材料。为此，我们收集开发了竹木类、布质类、铁质类、纸质类等多种玩具材料系列。

2. 挖掘材料的多功能

一是将材料加工，如将竹子打磨晾晒后，制作成高跷、跳竹竿、竹棍，用易拉罐做成梅花桩等，挖掘材料的更多功能；二是材料体现难易差别，适合不同年龄幼儿，如制作的"给小青蛙喂食"，蛙嘴大小不同、摆放高低不一，沙包、布球规格不同，让不同发展水平的幼儿都能找到适合自己的材料。

3. 创新材料的新玩法

体现一物多玩、变形重组，创造出材料的新玩法，如一个小小的竹筛就可以衍生出向前滚、原地转、头顶、做障碍物跳等多种玩法。

三、材料的投放与使用

（一）材料的投放

第一，研究材料的不同玩法、蕴含的教育价值和可能实现的教育目标。投放什么样的材料，就可能引发相应的活动，达到相应的目标。同一种材料，玩法不同，所蕴含的教育价值和可能实现的目标也不相同。因此，首先研究每一种材料的教育价值，了解幼儿在与材料的互动中可以获得哪些发展，重点从以下三个方面开展研究：

（1）可以选择哪些材料作为体育区域自主活动的材料？这些材料可以怎样玩？适合个体还是集体玩？

（2）这些材料是否适合所有年龄段？不同年龄段的孩子可能会怎么玩？

（3）这些材料可以发展哪些动作和能力？可能给幼儿带来哪些新的经验？

只有充分研究材料，了解材料的价值功能，才能做到心中有数，提供有效适宜的支持。

第二，根据目标针对性投放材料。在研究材料、把握材料价值的基础上，根据幼儿的年龄特点、动作发展目标及当前动作发展水平，有针对性地投放材料，引发幼儿与材料互动，促进幼儿发展。

第三，提供辅助材料。提供辅助材料，如交通标志、人偶、手枪步枪玩具等，引发幼儿的已有经验，产生新的游戏主题。

（二）材料的使用

1. 材料使用的开放性

第一，玩法不受限制。对材料的玩法不做限制，可以根据自己的需要自行决定，打破了材料玩法对幼儿的限制，满足了幼儿的游戏需求。

第二，使用区域不受限制。打破材料的空间限制，材料可以在不同区域使用，幼儿可以跨区域使用材料，如幼儿可以把篮球拿到车行区开展运西瓜游戏，没有使用区域的限制，材料的使用变得更加开放，活动内容更加丰富。

2. 材料摆放收纳的高度自理性

材料的收纳是支架式体育区域自主活动的一项重要环节，也是培养幼儿自主性的有效方式，我们坚持以幼儿为主体，材料摆放与收纳做到高度自理性，为幼儿自主收纳和整理提供条件。

第一，材料摆放不遮挡——看得见。所有材料都在幼儿的视线范围之内，材料的摆放高度、放置材料的容器大小或透明程度都有利于幼儿能够很快找到，同时各种材料分类摆放，尽量不遮挡。

第二，材料位置取放方便——拿得到。材料摆放的地点，材料收纳架的高度、深度要便于幼儿取放，收纳箱的长度、宽度和高度都要符合幼儿的身体特点。

第三，材料有标识——放得回。教师和幼儿共同为材料制作了标记并对应张贴，提示幼儿准确分类整理，提高整理的效率。

四、体育区域材料举例

神奇跳跳球

目标：

（1）培养幼儿双脚跳跃的能力，增强幼儿腿部肌肉力量，促进身体协调性、平衡性的发展。

（2）在游戏中培养幼儿的团结合作、不怕困难的精神。

（3）在游戏中探索跳跳球的多种玩法。

材料：

塑料跳跳球若干

玩法一：平衡跳跳球

适合年龄：

3～4岁幼儿

玩法及价值：

将跳跳球放脚下双手扶着支撑物，双脚踩在跳跳球上保持平衡。发展身体的平衡性，增强幼儿双手和双脚的力量。

观察指导要点：

（1）幼儿在活动中是否专注，对材料是否感兴趣。

（2）幼儿在活动中是否能双脚站在球上坚持10秒以上。

玩法二：夹球跳

适合年龄：

4～5岁幼儿

玩法及价值：

将球夹在双腿之间，双手抓着球圈边缘，双腿并脚跳，增强幼儿腿部肌肉力量和动作的协调性。

观察指导要点：

（1）观察幼儿能否将球夹在双腿间双脚并拢连续跳。

（2）鼓励幼儿根据自身的情况调整球的高度和个数。

玩法三：弹跳

适合年龄：

5～6岁幼儿

玩法及价值：

幼儿将双脚踩在球上进行跳跃。增强幼儿身体的协调性和双脚跳的能力，锻炼腿部肌肉力量。

观察指导要点：

（1）幼儿在活动中是否能够很好地控制球。

（2）在活动中是否能不怕困难，坚持完成，是否能想出更多的玩法。

好玩的拱桥

目标：

（1）增强幼儿腿部肌肉力量，促进身体协调性、平衡性的发展。

（2）在游戏中培养幼儿的团结合作、不怕困难的精神。

（3）在游戏中探索拱桥的多种玩法。

材料：

塑料拱桥若干

玩法一：摇摇船

适合年龄：3～4岁幼儿

玩法及价值：

将拱桥翻过来当作小船，双手扶着前沿，双脚踩在地上当作船桨滑行。提高身体的平衡性，增强幼儿双手和双脚的力量。

观察指导要点：

（1）幼儿在活动中是否专注，对材料是否感兴趣。

（2）幼儿在活动中是否能滑行一定距离。

玩法二：跨栏

适合年龄：

4～5岁幼儿

玩法及价值：

将两根铁棍插入拱桥圆孔处做成跨栏，幼儿从上面跨过，可以将几个跨栏垒起来增加难度。培养幼儿跨越能力、腿部肌肉力量和动作的协调性。

观察指导要点：

（1）观察幼儿能否连续跨过几个跨栏，跨栏动作是否协调。

（2）鼓励幼儿根据自身的情况调整跨栏的难度。

玩法三：彩虹拱桥

适合年龄：

5～6岁幼儿

玩法及价值：

将拱桥一个接一个连起来或是垒起来，幼儿从上面行走通过。提高幼儿身体的协调性和双脚跳的能力，锻炼腿部肌肉力量。

观察指导要点：

（1）幼儿在活动中是否能与同伴友好合作。

（2）在活动中是否能不怕困难，坚持完成，是否能想出更多的玩法。

好玩的羊角球

目标：

（1）进行抛、接、跳等多种动作技能的练习，提高跳跃能力和下肢力量，增强幼儿腿部肌肉力量，促进身体协调性、平衡性的发展。

（2）在游戏中提高幼儿对体育活动的兴趣，培养幼儿活泼开朗的性格、不怕困难的精神。

（3）在游戏中探索羊角球的多种玩法。

材料：

塑料羊角球若干

玩法一：滚球乐

适合年龄：

3~4岁幼儿

玩法及价值：

自由选择羊角球，学习向一定的方向滚球，增强手臂力量。

在游戏情节中尝试向一定范围滚球，提高手眼协调能力。

观察指导要点：

（1）指导幼儿尝试向一定的范围滚球。

（2）提示幼儿身体蹲下，羊角球放在脚前，双手抱着羊角球的角，用力推出去。

（3）幼儿在活动中是否能够想出多种玩法。

玩法二：抛球乐

适合年龄：

4～5岁幼儿

玩法及价值：

双手向上连续抛、接羊角球；双手交替向上抛、接球；发展单臂抛、接球的灵活性，提高左、右脑神经协调支配肢体运动的能力。

两人相对，间隔一定距离，双手向上相互抛、接球。提高幼儿动作的协调性，培养合作意识。

观察指导要点：

（1）观察幼儿是否适应球性，提高身体的本体感觉和判断力。

（2）鼓励幼儿与同伴合作，培养合作意识。

玩法三：跳球乐

适合年龄：

3～4岁幼儿

玩法及价值：

选择好羊角球，用正确的姿势坐在球上使用蹦、跳的动作沿着规定的线路进行游戏，球不可超出线。在游戏进行中，球之间要保持间隔。提高幼儿的身体灵敏性。

观察指导要点：

（1）要听好游戏的口令，按游戏的口令开始。

（2）要用正确的姿态坐在球上，双手正确的握球角姿态。

（3）根据幼儿的身高引导其选择合适的球。

（4）在活动中是否能不怕困难，坚持完成。

玩法四：小鸡运蛋

适合年龄：

5～6岁幼儿

玩法及价值：

将身体平躺在地上，扮小鸡，将羊角球平放在肚子上做鸡蛋，身体向后退走，将蛋运走。提高幼儿身体的协调性、灵活性。

观察指导要点：

（1）能否控制住球不让其掉地上。

（2）能否自己制定行走路线。

（3）幼儿能否与同伴合作，或自己制定规则进行游戏。

玩法五：羊角球平衡

适合年龄：5～6岁幼儿

玩法及价值：

将球放身体下面，进行一定时间的平衡练习，增强上肢力量，提高耐力。

观察指导要点：

（1）幼儿能否根据自身能力，在一定时间内将球控制住不滚落。

（2）幼儿能否跟同伴之间团结协作，协商制定游戏规则。

（3）是否能想出更多的玩法。

百变羽毛球

目标：

（1）进行抛、接、投等多种动作技能的练习，提高上、下肢力量和身体协调性，激发练习兴趣。

（2）在游戏中能团结合作、互相配合、不怕困难。

（3）提高动手操作能力，锻炼手指灵活性及手眼协调性。

材料：

塑料羽毛球及球拍；皮球

玩法一：赶小猪

适合年龄：

3 ～ 4 岁幼儿

玩法及价值：

幼儿把球当小猪，用球拍赶着"小猪"向前走，到达指定的地点。提高幼儿动作的协调性，培养不怕困难、坚持完成任务的责任意识。

观察指导要点：

（1）幼儿能否控制住小球，不要让球滚掉，离开球拍。

（2）在活动中是否专注，对材料是否感兴趣。

玩法二：拍球乐

适合年龄：

3 ～ 4 岁幼儿

玩法及价值：

单手握球拍进行原地拍球，锻炼幼儿上肢的肌肉和关节，提高幼儿肌肉的力量和控制动作的能力。

观察指导要点：

（1）观察幼儿能否控制球，动作是否准确、灵敏。

（2）鼓励幼儿根据自身的情况自己调整动作，增加游戏的难度。

（3）能否探索球的更多玩法。

玩法三：颠球乐

适合年龄：

4 ～ 5 岁幼儿

玩法及价值：

单手或双手握球拍将球向上抛起并接住，提高控球的能力，发展思维和提高身体协调性。

观察指导要点：

1. 幼儿是否积极参与颠球活动。

2. 能否准确抛接球，不让球掉地。

3. 在活动中能否灵活地转向不同方向进行颠球。

骑妙三轮车

目标：

（1）培养幼儿大肌肉运动、四肢协调活动的能力。

（2）初步培养幼儿与同伴之间相互友好、互相谦让的品质。

（3）加深幼儿的交通规则意识。

材料：

各种三轮车

玩法一：车来车往

适合年龄：

4～5岁幼儿

玩法及价值：

幼儿在几条相同的车道骑行，看谁先到达终点。增强幼儿的腿部肌肉力量。

观察指导要点：

（1）在骑行的过程中不能偏离自己的车道。

（2）在行驶过程中是否能够控制车速。

（3）指导能力较弱的幼儿坚持行驶到终点。

玩法二：运皮球

适合年龄：

4～5岁幼儿

玩法及价值：

让幼儿把皮球装进三轮车的小筐里面，沿着制定的路线行驶运送皮球至指定点，并返回，再次运送，看谁运得多。

观察指导要点：

（1）在运送途中保护好自己的皮球不掉落。

（2）指导幼儿相互帮助搬运皮球，更好地与同伴友好互助。

玩法三：我的探索行驶

适合年龄：

5～6岁幼儿

玩法及价值：

设置车道障碍物，幼儿沿S形路线行驶，通过自己的方法穿越障碍到达终点。幼儿可让同伴坐在车后，行驶到终点。

观察指导要点：

（1）穿越过程中不能碰到障碍物。能够将同伴顺利载到终点。

（2）观察幼儿在面对障碍物时如何巧妙地穿过，对有困难的幼儿加以指导。

纸箱乐趣多

目标：

（1）发展幼儿的钻、爬、拉、推等多种动作，练习大肌肉的力量。

（2）能够和同伴一起玩耍。

（3）能够自主探索纸箱的多种玩法。

材料：

各类大小纸箱、辅助材料

玩法一：纸箱钻钻乐

适合年龄：

3～4岁幼儿

玩法及价值：

把大纸箱平放在地面上，幼儿从纸箱的一头钻进去，从另一头钻出来。培养幼儿的爬行能力和手臂肌肉的协调能力。

观察指导要点：

（1）幼儿是否能积极投入活动，对材料是否感兴趣。

（2）幼儿在活动中能否手眼协调地进行活动。

玩法二：纸箱小车

适合年龄：

4～5岁幼儿

玩法及价值：

把纸箱当作运输东西的箱子，把自己想运送的材料装在大箱子里面拖着或者抬着到任何地方。发展幼儿的手臂大肌肉，培养合作游戏的意识。

观察指导要点：

（1）观察幼儿能否合作游戏。

（2）鼓励幼儿根据自身的情况和箱子的情况调整运送东西的数量和重量。

玩法三：纸箱创意乐

适合年龄：

5～6岁幼儿

玩法及价值：

幼儿把很多个纸箱依次排列好，每个纸箱之间间隔一定的距离，排放好用手一推纸箱依次倒下。启发幼儿创意思维，培养幼儿动手操作能力。

观察指导要点：

（1）幼儿在活动中能否尝试找出每个纸箱摆放的最佳距离。

（2）能否自己调节活动难度，摆放更多的纸箱或者选用更大或更小的纸箱。

（3）能够和同伴协作完成游戏。

快乐的飞盘

目标：

（1）训练幼儿的平衡能力及自我控制能力。

（2）培养幼儿的投掷、弹跳和反应能力。

（3）培养幼儿与同伴合作游戏的能力，体验游戏的快乐。

材料：

废旧纸板制作成圆形飞盘，废旧编织口袋剪成线条，编成辫子，装饰四周。

玩法一：顶飞盘

适合年龄：

4～5岁幼儿

玩法及价值：

幼儿每人一个飞盘放置在头顶上，先到达终点者为胜。锻炼幼儿的平衡性和腿部的力量。

观察指导要点：

（1）指导幼儿如何保持平衡不让飞盘滑落。

（2）根据幼儿的年龄特点设置不同难度的行走路线，或要求幼儿作难易度不同的行走方式。

（3）行进途中双手不得帮忙，中途飞盘掉落者需从起点重新开始。

玩法二：抛接飞盘

适合年龄：

5～6岁幼儿

玩法及价值：

幼儿手持飞盘向上抛，飞盘落下时接住。幼儿两人一组间隔一定距离面对面站立，一方抛掷飞盘，一方接住飞盘。锻炼幼儿的手眼协调能力、身体的灵活性。

观察指导要点：

（1）指导控制幼儿向上抛、向前抛飞盘的方向。

（2）练习抛和接的准确度。

（3）低段幼儿可单纯玩向上、向前抛飞盘的游戏。

玩法三：我会跳

适合年龄：

5～6岁幼儿

玩法及价值：

幼儿两人一组，间隔一定距离，面对面站立，在膝盖处夹住飞盘，游戏开始，幼儿向前跳，边跳边用手掌推对方手掌，飞盘掉落者为输。锻炼幼儿腿部的力量。

观察指导要点：

（1）将飞盘夹紧的同时，保持相同速度向前跳。考验同伴之间的配合程度。

（2）游戏途中幼儿不得用手帮忙扶正飞盘。

玩法四：我会拍

适合年龄：

4～5岁幼儿

玩法及价值：

将飞盘当作球拍，可拍纸球和毽子，将球向上拍，再接住，再向上拍，掉在地上为输，个数多的为赢。培养幼儿的竞争意识，锻炼手眼协调能力，增强手臂肌肉力量。

观察指导要点：

（1）幼儿是否能准确接住下落的毽子或者球。

（2）控制球拍的力度和高度。

（3）鼓励幼儿想出更多的办法。

花样布球

目标：

（1）培养幼儿的手、眼、脚的协调配合能力，增强幼儿手部、腿部力量，促进身体协调性、平衡性的发展。

（2）在游戏中培养幼儿的团结合作、互相配合、不怕困难的精神。

（3）在游戏中体会一一对应和数量关系。

材料：

布块、布条、海绵若干

玩法一：抛接球

适合年龄：

3～4岁幼儿

玩法及价值：

将布球握在胸前，从胸前向上抛或者向斜前方抛，抛出去后尽量接住掉下来的布球，边玩边数自己接住了几个。培养幼儿的手眼配合能力，锻炼手臂的力量。

观察指导要点：

（1）幼儿在活动中是否专注，对材料是否感兴趣。

（2）幼儿能否用正确的方法将球抛出并尽力接住。

玩法二：你抛我接

适合年龄：

5～6岁幼儿

玩法及价值：

幼儿相互间隔一定距离排成两排面对面站立，一边幼儿拿球跑向另一边幼儿，要求幼儿接住对方抛来的球。锻炼幼儿的反应力和动作的灵活性。

观察指导要点：

（1）观察幼儿能否灵活地接住对面幼儿抛来的球。

（2）鼓励幼儿专注游戏，调整身体姿势，灵活接球。

玩法三：投篮

适合年龄：

4～5岁幼儿

玩法及价值：

幼儿间隔一定距离站立，用布球投向对面的小桶，锻炼幼儿的手臂力量，培养投掷能力，手眼的协调能力，体验数量关系。

观察指导要点：

（1）幼儿在活动中是否能协调投掷。

（2）在活动中是否能边投边记录自己投掷的数量。

玩法四：两人合作投球

适合年龄：

5～6岁幼儿

玩法及价值：

两名幼儿面对面隔一定距离站立，一人投球，一人用小桶接球。培养与同伴合作游戏和人际交往能力。

观察指导要点：

（1）幼儿能否根据自身能力，自己调节投掷距离。

（2）幼儿能否与同伴合作，或自己制定规则进行游戏。

玩法五：踢毽子

适合年龄：

5～6岁幼儿

玩法及价值：

手拿绳子进行踢毽子游戏，培养幼儿四肢的协调性，锻炼腿部力量。

观察指导要点：

（1）幼儿是否能够协调地进行踢毽子活动。

（2）在游戏中能否边踢边记录自己踢的个数。

（3）能否想出更多的玩法。

第三节　丰富幼儿经验，提升游戏水平

经验对幼儿自主活动的内容拓展和丰富有着积极的推动作用。经验是幼儿开展自主游戏特别是主题式自主游戏的重要支架，为此我们结合游戏主题内容，关注幼儿的兴趣需要和已有经验，丰富幼儿的相关经验。

一、正确认识幼儿经验对自主游戏的价值

《幼儿园教育指导纲要（试行）》指出："幼儿园应为幼儿提供健康、丰富的生活和活动环境，满足他们多方面发展的需要，使他们在快乐的童年生活中获得有益于身心发展的经验。"幼儿的生活经验是否丰富影响着他们的活动水平，某些生活经验的缺乏会影响幼儿对活动的兴趣与参与度，经验是幼儿丰富自主游戏内容和提升游戏水平的有效支架。

每个幼儿都有其独特的生活经验，而不同的生活经验又在幼儿的自主游戏中以不同的行为呈现，教师要有经验意识，关注幼儿的已有经验，在活动中唤起幼儿已有经验，丰富幼儿的经验。

二、唤起幼儿的已有经验

经验在自主游戏活动中有着重要的支架作用，在开展自主活动前，我们关注了解幼儿的已有经验，通过提供与幼儿经验相切合的、有准备的环境，围绕幼儿的已有经验，投放材料，设置主题，唤起幼儿已有经验，丰富幼儿的游戏体验。

首先，在投放玩具材料时，除了研究它的不同玩法之外，还应关注幼儿的已有经验有哪些，不同年龄段的孩子，他们的已有动作经验是什么、生活经验是什么，他们可能会选择什么样的玩法和活动，教师要做到心中有数。对于不同的玩法，分析可能和哪个年龄段孩子的经验相符合，在幼儿已有经验的基础上，提供支架，提供一定的辅助物，唤起幼儿的已有经验，引导幼儿运用经验开展自主游戏，并在自主游戏中获得新的经验。

其次，围绕幼儿的已有经验，预设或生成主题。在主题式区域活动中，主题的确立有两种方式：一种是教师在关注幼儿已有经验的基础上，基于对幼儿已有经验的了解，预设一个贴近幼儿的生活，幼儿感兴趣的大的主题，而每个区域的小主题玩什么、选择哪些材料、怎么玩全部由幼儿根据自己的兴趣、经验自主决定。例如，结合幼儿的主题教育活动"春天"这个主题，教师预设了"春游去"这一自主游戏主题，幼儿将主题教育活动中获得的经验拓展应用到了自主游戏中，自主设计了"坐车去春游""采花""过小桥""捉蝴蝶"等系列活动；另一种是为幼儿提供有准备的环境，引导幼儿自主生成活动主题，自己设计活动情景，变环境为情景，开展主题自主活动。例如，教师为幼儿提供沙包、纸球、垫子、迷彩布、网格等材料，幼儿自发生成了"野战"游戏主题，利用坡地等自然环境，运用已有经验，开展了打仗、救护伤员、练兵等多个小主题活动，促进了走、跑、投掷、平衡等基本动作和交往、合作等能力的发展。

通过提供与幼儿已有经验相切合的材料，确立与幼儿经验相符的活动主题，唤起幼儿的已有经验，激发了幼儿自主活动的兴趣。

三、丰富幼儿的经验

在自主活动中，除了唤起幼儿的已有经验外，教师还可通过多种途径丰富幼儿的经验。

（一）观察

观察是幼儿获得经验的最快捷的途径，在自主活动中，教师关注或者引导幼儿通过观察获得经验。

案例：

球区，大班的宇航、丁丁、佳佳在玩赶小猪的游戏，中班的宇宇看见了，也拿起了小棍玩了起来，但是很明显看到，宇宇控球的方向不稳定，力度也不稳，造成球的滚动方向歪歪扭扭，速度明显比哥哥姐姐慢了很多，宇宇大声喊："老师，这球怎么乱跑呀？"老师走过来，对他说："你看看哥哥姐姐是怎么赶球的，他们的棍子在球的哪个地方？"老师引导宇宇观察。"在球的后面，挨着地下一点。""宇宇观察得真仔细，你试试看呢。"老师及时鼓励宇宇认真观察，引导宇宇按观察到的哥哥姐姐的方法练习了起来，球变得听话多了。

（二）操作

操作是获得经验的最直接的途径，通过操作，获得对身体控制的动作经验。

案例：踢毽子

竹雨在民间游戏区，选择了玩踢毽子，她首先选了个鸡毛毽，但踢了几次，一半都落空了，竹雨停下来，重新选择了一个比较大的编织袋做的毽子踢了起来，可能因为毽子比较大，这次好一些，老师看见了，对她竖起了大拇指，但因为用力太大，毽子飞得很高，还是有落空的时候，这时竹雨试着把绳子收短了一些，毽子变得听话一些了，竹雨反复练习，老师也在一旁给她数数加油，慢慢地竹雨逐渐掌握了踢毽子的方法，动作越来越熟练。

（三）交往

交往是幼儿获得经验的最有效途径。引导幼儿通过同伴交往、同伴之间的相互学习，帮助幼儿获得经验。

案例：

在综合活动区，孩子们在两个木梯间搭了一块宽木板，搭成了一座独木桥，这次是搭在了木梯的第二格之间，孩子们走上去都能顺利通过。"我们可

以更厉害一些。"孩子们把木板调到了梯子的第三格之间，孩子们走得更小心了，有的双手张开掌握平衡、有的身体微侧慢慢走、有的放慢速度小脚步往前走、有的放低重心扶着木板蹲着走……轮到昕昕了，她爬上棚梯，蹲在上面不敢往下走了，下面的睿睿用手去扶她，鼓励她"别怕，我保护你"。昕昕用脚试了试，还是不敢过。"你把手像开飞机一样放平，眼睛看前面，慢慢走就能过去，我就是这样过的。"蔡和丰从另一边做起了示范，洋洋也来安慰昕昕"你可以蹲一点，慢慢走"。昕昕把目光投向了我，我用鼓励的眼神看着她说："昕昕，加油！小伙伴和老师都会保护你！"在小伙伴的示范和鼓励下，昕昕走上了小桥，她用上了蔡和丰和洋洋的经验：展开双臂，降低重心，慢慢地通过了这座木桩桥，小朋友们高兴地拍起手来，昕昕也高兴地笑了。

（四）分享

分享是帮助幼儿提升经验的有效途径，通过分享，幼儿的个别经验可以成为集体的经验。选择幼儿感兴趣的话题，借助照片、视频、示范、交流等形式，开展交流与讨论，主要包括以下内容。

1. 材料的使用情况

引导幼儿说说"你们今天选择了什么材料""有哪些玩法"，分享运动经验。
案例：
师：你们今天选择了什么材料？怎么玩的？有什么新发现？
彬彬：我今天玩了滚铁环。
小贝：我也玩了。
师：你们是怎么玩的？
彬彬：我把钩子钩在铁环的最下面，慢慢走，铁环就滚起来了。
小贝：我和彬彬不一样，我把钩子钩在铁环的最下面，铁环老是倒，后来我就勾住铁环的最上面，铁环没有倒，也滚起来啦。
师：哦，有两种不同的方法！你们是怎么做的，做给大家看看。
教师通过引导幼儿回忆已有经验，并示范演示，引导其他幼儿观察学习，帮助其他幼儿获得了新经验。

2. 收拾整理情况

案例：
师：今天，我发现我们收拾整理材料的速度比前两次又快了好多，你们知道为什么会收拾得这么快吗？
幼：因为我们是分工的。
幼：因为我用了新办法。
师：那谁来说说你们是怎么分工的？用的什么新办法？

教师直接提出了分享的话题——收拾整理的方法，通过分享，帮助全班幼儿获得了经验。

3. 游戏情节

重点围绕创新玩法、问题解决，引导幼儿分享。一是引导幼儿分享自己创新的情节或玩法，引导幼儿围绕"玩了什么""怎么玩的"等一系列游戏事件进行讨论。二是引导幼儿分享在游戏情节中的问题及其解决办法，如"游戏中遇到的问题""游戏中动脑筋的事情""游戏中需要帮助的地方"，和大家一起讨论，想出更多的方法。三是规则的生成，如围绕车行区的人太多的问题，教师在游戏中没有直接介入，而是让幼儿按自己的选择去游戏、去体验，在幼儿体验后再进行分享。在游戏分享过程中幼儿说出了自己的亲身体验和感受：如果在车行区随便开、容易撞车、不安全。引导幼儿在体验的基础上讨论游戏规则，获得经验。

四、不断促进幼儿形成新的经验

幼儿经验的丰富是一个动态变化的过程，在关注幼儿已有经验的基础上，引导幼儿运用已有经验开展活动，在运用已有经验的过程中，幼儿原有经验得到扩展，形成了新的经验。在下一个活动中，新经验的运用又会促进经验的形成……因此，形成一个不断螺旋上升的经验发展路径。在自主游戏中，关注幼儿的经验发展，在每一次活动中，关注幼儿经验的提升，帮助幼儿不断形成新的经验，提升自主活动的水平。

第四节　教师观察分析和指导，助推幼儿的学习与发展

一、观察解读幼儿

实施指导，观察先行。细致观察幼儿在体育区域活动中的游戏行为是理解幼儿、找准介入时机的前提，是教师支持和指导幼儿的基础。

（一）观察方法

（1）采用全面观察法，对体育区域活动各区域进行全面的观察，全面了解活动情况。

（2）采用个别观察法，对个别幼儿的活动情况进行多次追踪观察，了解其在体育区域活动中的行为表现、发展水平、个性特征和意志品质，作为调整活动目标、指导策略的重要依据。

（3）采用重点观察法，对活动的一组或几组幼儿进行有目的、有侧重的观察，包括幼儿的活动进程、材料使用、活动表现等。

同时，教师在幼儿活动中或作为旁观者，或作为参与者多角度对幼儿进行观察，综合运用多种方法，力求准确解读幼儿，为有效介入奠定基础。

（二）观察重点

在体育区域观察中，主要从身体与运动、情感与态度、交流与交往、探索与认知、规则与习惯等方面对幼儿进行观察，重点关注以下四点：

（1）幼儿经常选择哪些活动区域、哪些材料？对哪些材料或玩法感兴趣？兴趣持续时间如何？

（2）幼儿的动作发展水平怎么样？

（3）幼儿对材料有哪些不同的操作方式？使用器械及辅助材料情况怎样？

（4）幼儿活动中的专注程度、意志品质、个性品质怎么样？同伴交往、合作水平如何？

（三）观察手段

坚持客观、真实的原则，使用摄像、照相等还原幼儿在体育区域活动中的真实情景，分析解读幼儿。

二、把握介入时机

介入时机是影响教师介入行为是否有效的重要因素，教师的有效介入应该是适时、适当和适度的。

（一）结合幼儿动作发展水平，选择介入时机

对相同的材料，不同动作发展水平幼儿的玩法是不一样的，游戏水平也不一样。当幼儿的玩法、水平与其动作发展阶段性特征不一致的时候，需要教师进行分析，分析其动作发展水平，了解幼儿当前的兴趣，尊重发展差异，选择适当的时机为幼儿提供引导支持，帮助其进入最近发展区，循序渐进引导他们从原有水平向更高水平发展。

（二）解读幼儿言行，选择介入时机

观察分析幼儿言行，适时介入与支持。
案例：

打地鼠

纸布区今天新投放了宣传背景布做成的"打地鼠"材料，琪琪和西西最先发现，西西说："我们把它拉开来看看吧！"几个小伙伴一起把它铺到了地上，琪琪看见上面有很多不同形状的洞，于是几个小伙伴玩起了跳格子的游戏。我走过去，试图让他们发现这是一个打地鼠的材料，可是他们不理我，继续跳房子。我意识到此刻他们并不需要我的介入，于是退到旁边观察。玩了好一会儿，西西又有了新的发现：这张大布的四个角上有绳子，四个小朋友各自抓住绳子，把这块布绷了起来，几个男孩子跑过来躲在下面，眼尖的蕾蕾发现了旁边的充气棒，他们玩起了打地鼠的游戏。又过了好一会，西西觉得没意思想离开了，我想了想，和配班老师加入了他们的游戏，我们将布高高举起，变得一边高，一边矮，游戏的难度增加，他们重新布置战术，玩得不亦乐乎。在孩子们玩得差不多的时候，我又把这块布挂了起来，变成了一个投篮网，孩子们找来布球、纸球，又开始玩起了投篮的游戏……

在这个案例中，教师在发现幼儿对新材料的态度与自己预期的游戏玩法不太一致的时候，想到的是马上介入幼儿的游戏，通过自己的指导让幼儿了解材料的正确玩法，

但幼儿对教师的介入置之不理，甚至觉得教师在妨碍自己的游戏，教师迅速地意识到这是一次"无效介入"，于是立即退出了幼儿的游戏，继续观察，没有强求幼儿。在幼儿以自己的玩法玩了一段时间后，终于通过自己的观察发现了材料可以用来玩打地鼠游戏，教师一直在一旁实施观察，分析幼儿的游戏行为。在发现幼儿游戏兴趣逐渐减弱时，教师觉得介入的时机到了，于是和配班教师一起通过调整游戏材料的难度来成功激发起了幼儿新的兴趣。这次介入对幼儿来说使他们获得了新的经验，是一次有效的介入。

为此，总结出教师有效介入幼儿游戏的依据：①介入是否顺应幼儿的游戏意愿，让幼儿所接受？②介入是否能支持幼儿解决难题，获得新的经验？③介入是否能提高游戏兴趣、推动游戏发展？④介入是否协调解决问题，保证游戏的正常进行？

同时，教师在介入时需要考虑：幼儿需要怎样的帮助；介入的方式；介入后可能会引起的反应；介入是否留给了幼儿独立思考的时间；教师退出后幼儿游戏能否继续；等等。

（三）发生突发事件，需要及时介入

当游戏中发生突发事件，如出现不安全因素、幼儿出现攻击性行为、幼儿游离于自主活动等，需要教师立即介入。

三、适时回应支持

（一）明确教师的角色定位，发挥幼儿的主体性

体育区域活动作为自主活动，教师需要把握幼儿身心发展的特点，理解自主游戏的特点，在此基础上，准确认清自己在自主游戏中的定位，以观察者、支持者、引导者、参与者等多种角色，适时适宜地回应和支持幼儿游戏。

（1）教师是观察者：在体育区域活动中，大多数时候，教师多以旁观者、欣赏者的身份出现。可以是观众，观察幼儿的行为，可以是听众，倾听幼儿的交流与感受，在倾听和观察中，分析幼儿、解读幼儿，训练自己的观察分析能力。

案例：

一次乱哄哄的活动

我带领小班孩子在综合区活动时，开始引导幼儿将木条摆成一条沟，让小朋友学习双脚立定跳远过小沟的本领，练习双脚并拢跳的技能。我发现轩轩小朋友练习时两脚不协调，于是我去个别辅导她。可是当我回过头时，却发现没有一个小朋友在练习立定跳远。他们把两根木条分开来，摆得远远的，在中间奔来奔去你追我赶，不时嘴里还发出各种叫声。

看到这么乱哄哄的场景我真想发火，但我冷静一想，还是先观察一下再说吧！我静静地蹲在一边观察，一会儿我听见舒少小朋友说："你们看，我游得多快，你们快来

追呀！"慢一点的小朋友都兴奋地说："快给我们加油。"我突然明白了，小朋友们把"小沟"变成了一条"大河"，他们在中间比赛"游泳"。

　　为了不打消幼儿对体育活动的兴趣，呵护幼儿的创造性思维，我灵机一动，决定把游戏改一下。我高兴地说："小朋友，你们是不是很喜欢游泳呢？游泳时我们的手是怎么动的？"小朋友高兴地学着各种动作。"好，现在我们一起来玩青蛙游泳的游戏好不好？"孩子们高兴地跳了起来。为了使游戏内容与所学内容有关，我先让小朋友学小青蛙双脚立定跳远跳过小沟，然后跳到河里游泳游到对岸，哪一组先到便是冠军。由于此活动是跟着幼儿的兴趣设计的，因此从头至尾孩子们都十分投入。

　　回顾这一次活动的全程，我深刻地感受到在活动中幼儿是主体，教师是引导者，在各项活动中教师应该当好引导者的角色，多观察幼儿在活动中的需要，因势利导，适时介入才能使幼儿轻轻松松掌握新本领。

　　在这次活动中，教师遇到了乱哄哄的游戏场景时，选择的是站在幼儿的背后，安静、耐心地观察，从观察关注幼儿的表现和反应，敏锐地察觉他们的兴趣和需要，及时调整自己的活动，因势利导，引导幼儿重新参与到活动中来。

　　（2）教师是支持者：支持是一项重要的指导策略，是以支持幼儿主动活动、消除幼儿活动障碍为宗旨的指导方式。教师可以通过赞赏的眼光、适时的帮助、及时的鼓励等方式支持幼儿去尝试、实践。

案例：

勇敢的苏姝

　　今天，我们进行消防训练营活动，在平衡大挑战环节中，孩子们依次走过搭在两个轮胎之间的竹梯。当轮到苏姝时，只见她犹豫了一下，停了下来，后面的小朋友等急了，纷纷催促她。她试着伸出了一只脚，可仍然没迈上去。我走过去微笑着伸出手，对她说："别怕，我们一起过桥吧。"她高兴地拉着我的手，迈上了竹梯，过竹梯的时候，她死死抓住我的手，腿也有些颤抖，我拉着她的手，鼓励她说："老师牵着你，别害怕，勇敢向前走。"在我的鼓励和帮助下，她终于走过了小桥。第二次过桥的时候，我又微笑着站在了她的身边，"别害怕，老师在这里呢！你肯定能过去"。她冲我笑了笑，勇敢地走上了小桥，终于，苏姝克服了自身的胆怯，能独自勇敢地走过那些又高又滑还中空的竹梯了。

从上面的案例可以看出，苏姝是个比较胆小的孩子，教师的帮助和鼓励给了她信心。从教师的帮助到一个人独立完成任务，她不仅获得了成功体验，也增强了克服困难的勇气和自信心。

（3）教师是引导者：教师通过多种方式关注幼儿的行为变化，引导幼儿主动向可能达到的更高水平发展。教师可以通过开放性提问、提供合理的建议和支持等引导幼儿从原有水平向更高水平发展。

案例：

各种各样的桥

今天的体育区域活动是孩子们喜欢的综合运动区。活动一开始，大家就结伴奔向了材料区，选择自己喜欢的材料。

钦柯和文博一起商量了一会儿，钦柯选择了两个轮胎作为桥墩，而文博搬来了一个竹梯，他们一起搭成了一座小桥，梯子完全盖住了轮胎。这座小桥很稳，他们轮流玩起过小桥的游戏。玩了几次后，他俩开始觉得没有意思，不想再玩了，因为这一座矮矮的、稳稳的桥好像对他们来说太简单了，不具备挑战性。在他们决定要放弃的时候，我不动声色地搬来了梯子和轮胎，在他们的旁边搭起了一座小桥，但是这座小桥是梯子的边缘搭在轮胎上，小桥一下子就变长了，同时难度也增大了。我对他们说："来试试我的这座桥。"他们从我这里得到了启发，开始若有所思地调整他们的小桥。钦柯说："我们也让小桥变得难走一点吧！这样会更有趣。"文博赞同地点了点头。他们俩去搬来了更多的轮胎和梯子，学我搭了一座长长的桥，又把两个轮胎叠在一起当桥墩，搭了一座高高的桥，文博说："我们把这几座桥都搭在一起吧！"这几座长的、短的、高的桥连在了一起，他们惊奇地发现，还多了一座斜坡的桥，这使他们俩很兴奋，于是他们小心翼翼地开始了高难度的挑战。

案例中的钦柯和文博，他们就属于能力相对较强的幼儿，在搭好了一座桥后，觉得自己会玩了，没有挑战性，于是想放弃。教师开始一直在一旁观察他们与游戏材料互动的情况，当利用材料不能满足他们更深层次的需要的时候，教师及时抓住了教育契机，适时点拨，充当了一个很好的引导者的角色。

（4）教师是参与者：教师适时地参与指导可以起到带动、鼓励幼儿的榜样作用，尤其对一些性格内向、自信心较低、集体活动中较少有机会表现的幼儿更是如此。一方面，教师通过参与活动，分享、示范帮助幼儿掌握动作要领和玩法；另一方面，以平行游戏的方式参与，即通过模仿幼儿的游戏来对幼儿施加影响，通过这种参与，传递成人对幼儿游戏的关注态度，提高幼儿游戏的兴趣，同时成人的行为本身能成为幼儿模仿的范例和榜样，有益于幼儿掌握游戏技能。

案例：

我们一起来玩球

这天，在球区，有几个小朋友在玩抢球，到处跑来跑去的，一不小心就碰到了正在玩其他游戏的小朋友，我走过去让他们停一下，建议他们在一个圈子范围内玩抢球，之后他们就分成了两个队来进行抢球，球一抛就出去了，根本接不到，我趁机对他们说："让我也来参加你们的抢球比赛，可以吗？"几个孩子高兴地喊起来："好啊！老师，你跟我一组吧！"于是我和两个女孩子一组玩了起来。开始时，我一边说一边传："我的队员都散开，找个没人的地方来接球，传球一定要看着同伴，把球抛得高一点，这样接球就容易了！"我们玩了几次之后就把球交给了能力比较强的蔡和峰，让他带领其他小朋友玩，我发现他们玩得还不错。

在这次游戏中，教师参与了幼儿的游戏，使幼儿游戏的积极性和情绪一下子高涨起来，有效的师幼互动能够激发幼儿的活动激情。教师以合作者的身份参与幼儿的游戏，运用动作示范和语言指导相结合的形式来使孩子掌握规则和各种技能。在教师边说边做的同时，幼儿运用到了具体形象思维和语言思维相互结合的方式来理解教师的行为，不仅锻炼了幼儿游戏的能力，也锻炼了幼儿的思维能力。

幼儿在游戏中需要建立正确的游戏规则和意识，这需要教师采用巧妙的方法进行言传身教，给幼儿传递正能量。在这个案例中，教师以合作者的角色引导幼儿进行了合作与对抗等形式的游戏，运用"边说边做"的策略来指导幼儿的活动，从不同的角度发展了幼儿的思维和运动能力，同时教师也在游戏中体验到了幼儿的快乐，为走进幼儿，真正地了解幼儿提供了有利条件。

（二）利用材料环境，支持指导幼儿

1. 利用材料激发幼儿的游戏兴趣

在体育区域活动中，幼儿对材料不感兴趣或兴趣发生了变化，这时可以投放颜色鲜艳、形象生动、有声响等符合幼儿年龄特点的材料激发幼儿的兴趣；或利用材料引入游戏情节，如在车行区利用皮球及时加入快递员的游戏情节，重新激发了幼儿的游戏兴趣；或改变材料难度，设置不同玩法，激发幼儿兴趣。

案例：

赶小猪

今天球区除了提供各种皮球之外，又投放了新的材料——木棍。随着优美的开区音乐，孩子们陆陆续续进入了球区进行活动。我发现，除了玩拍球、滚球、抛接球、夹球跳之外，很多中大班的孩子选择了用木棍赶着皮球往前跑，把球当小猪，玩起了"赶小猪"的游戏。浩宇、豆豆、静海等几个小班孩子看见了，也拿起了小棍子，模仿着哥哥姐姐玩了起来。可是，在中大班孩子手中很听话的皮球，在小班孩子的手里变得特别不听话，要不就是小球赶不走，要不就是球不能按预定的方向，一会儿左、一会儿右，四处乱滚，看到小宝贝们力不从心的样子，我仔细观察，原来是小棍比较细，与皮球的接触面积小，很多小宝贝又把小棍放在了上半部分或球的侧面去推球，小球当然不"听话"了。虽然小球不听话，可是小宝贝们还是玩得很起劲，不停地用小棍子反复拨弄着皮球，有的甚至拿着小棍跟在哥哥姐姐后面跑，想要帮哥哥姐姐"赶小猪"，看到孩子们这么喜欢，我对他们说："来，我们先看看哥哥姐姐是怎么赶的？小棍子放在球的哪个地方？"我还请了两个小哥哥来教他们，虽然有的宝贝知道要把棍子放在球后下部分，可是小棍拿在手里就是不听使唤，皮球依然四处乱滚。看到孩子们着急的样子，我想，不同年龄孩子的动作发展水平是不一样的，用棍子控球对小班孩子来说太难了，但是小宝贝们喜欢这个游戏，为什么不能调整材料来降低难度，满足孩子的兴趣和需要呢？小棍子的底部面积比较小，换一个面积大一点的难度应该会降低。于是，我从材料室找来几副儿童网球拍，请小班的孩子用刚才的法子试一试，咦，多数孩子都可以用网球拍赶着皮球往前走了，他们高兴地跑来对我说："老师，我会了！""老师，我也会！"

这个案例中，教师对同一活动内容，采取了利用材料来降低难度的策略，让不同年龄的幼儿都能用适合自己的材料进行练习，体验成功和快乐，保护了孩子的兴趣，满足了不同水平幼儿的发展需要。

材料的投放是一个动态的过程，它应随着幼儿动作的发展以及幼儿兴趣的转移而不断变化，要敏锐地捕捉到这种变化，当材料不能满足他们更深层次的需要时，可以通过调整材料的难度来重新激发幼儿的兴趣。

2.利用材料调节幼儿游戏行为

第一，利用材料帮助幼儿掌握动作要点。体育区域活动中，一些动作的难点往往不易掌握，可以利用材料来帮助幼儿掌握动作要点，如为了让幼儿掌握投掷的角度，教师在投掷方向的前面挂上一根绳子，把投掷的角度通过绳子具体化，更容易让幼儿掌握。

第二，利用材料暗示活动规则。活动中投放的每种材料都有不同的玩法，需要幼儿遵守相关的规则，孩子们在玩耍中，由于迫不及待想参与，规则意识会被弱化，甚至产生安全隐患。教师可以通过材料暗示活动规则，传递自己的指导意图。

案例：

神奇的木块

今天的体育区域活动开始了，综合运动区的孩子很多被新投入的平衡桥玩具所吸引。这组平衡玩具可以组合成方向不同的很多桥面延伸，大家玩得不亦乐乎。刚开始，他们能够按规则排好队，一个接着一个走过小桥，慢慢地动作熟练了，胆子大起来，大家都迫不及待地想玩这个游戏，排队的地方开始拥堵了起来，后面的小朋友不停地往前面挤，刚上小桥的欣怡差点被挤了下来……看到这种情况，我去找来了一块长方形的木块，摆在了平衡木的前面，这样队伍和平衡木之间有了一定的距离，对孩子们的排队有了一定的限制，第一个人走上小桥后，第二个人站在木块上等。经过这样的调整，孩子们都能有序玩游戏了。

在这个案例中，孩子们能积极大胆地参与到游戏中，但是由于缺少一定的规则意识，出现了拥挤的情况，存在一定的安全隐患。针对这样的现象，教师将一块简单的木块放在了平衡木前面，将它作为幼儿与平衡木的分界线，把"有序排队，自觉等待"等规则隐含在了材料中，帮助幼儿建立良好常规的同时保证了幼儿活动的安全性。

第三，利用材料调控幼儿的活动量。在户外体育区域活动中，孩子们对于新材料或喜欢的游戏往往会玩得过度兴奋，不太能控制自己的行为，存在如活动量大、发生碰撞等安全隐患。教师单纯的语言提示有时达不到预期的效果，强制性的命令又可能约束和控制幼儿。这时，可以通过材料来指导和影响幼儿，利用材料来传达教师的指导意图，在尊重、顺应孩子的基础上，让材料潜移默化地规范和影响幼儿的行为，满足幼儿活动和安全的需要。

案例：

开小车

为了便于孩子们收拾和整理户外体育区域活动的玩具材料，幼儿园定制了一批底部装有轮子的木箱和木板，投放到综合运动区。没想到，投放的第一天，这些木板和木箱就引起了孩子们的浓厚兴趣。活动一开始，大多数孩子都选择了这些木板和箱子，把它们当作小车玩了起来，那些没有"抢"到"车"的小朋友也各自想办法，或轮流、或分组，加入了玩车活动。他们有的坐在木板上，用脚蹬地往前开，有的趴在木板上，用手撑地向前滑，有的几人一组，坐在木箱里，被另一组小朋友推着或拉着往前跑，孩子们在操场上玩得开心极了，不一会儿，头上就冒出了汗。看着他们在操场中"横冲直撞"，满头大汗，我既担心发生碰撞不安全，也担心孩子们的运动量太大。于是我提醒他们："请大家注意控制车速，注意安全，小心碰撞，出汗的小朋友休息一会儿。"可是孩子们玩兴正浓，根本听不进我的提示，依然在操场上玩得乐此不疲。看到这个情形，我想，用语言提示没有效果，何不用材料来给孩子们设置一些障碍，设定一些情境，让材料来"提示"和"指挥"他们呢？于是，我找来几个拱形门放在操场上，几个孩子发现了，率先开车钻了过去，随后，更多的孩子发现并参与了进来，很快，他们用人行梯、竹竿、长凳、木墩、大型玩具等搭建了山洞、树林、S形的弯道、加油站等，玩起了车队的游戏。游戏过程中，孩子们沿着车道走，避免了相互碰撞，在钻山洞、走弯道、穿树林的过程中自然放慢了速度，到加油站加油休息，快慢交替、动静交替。

案例中，教师通过提供材料和设置的情节，让孩子们自觉调整了活动量，同时提高了幼儿活动的兴致，活动也变得更加有序。

（三）利用伙伴因素，指导支持幼儿

同伴群体是非常重要的教育资源，混龄混班体育区域活动为不同年龄、不同班级的幼儿相互学习提供了很好的机会。充分利用伙伴因素，通过大带小、同伴互助等活动，促进同伴之间的相互观察、模仿、学习，提高运动技能，激发参与体育活动的热情，培养勇敢精神，同时培养了幼儿的交往、合作能力，促进幼儿能力互补，共同发展。

案例：

哥哥姐姐带我玩

区域体育活动时，纸区的几个大班哥哥姐姐用鞋盒在玩障碍跳的游戏。小班的灵灵跟在他们的后面，也想跳过障碍，她还不会并脚跳，直接一个接一个地跨过鞋盒。她的动作非常慢，导致大班的哥哥姐姐开始有些不耐烦了。我走过去，对大班的小朋

友说："这个小妹妹就像你们小的时候一样，她还不太会呢，所以很慢，大哥哥大姐姐别着急，稍微等她一下。"他们听了都点点头，我接着说："灵灵，你可以请大哥哥大姐姐教你怎么玩哦！"听了我的提议，有个大姐姐主动站出来，给灵灵示范并脚跳的动作，还耐心地告诉她："要像我这样，小脚并拢，身体微微下蹲，然后使劲往前面一跳，就可以跳过障碍了！"一个哥哥注意到纸盒太宽，跑去给灵灵选了很多比较窄的纸盒重新摆了一个障碍区，在哥哥姐姐的等待和帮助下，灵灵慢慢学会了正确的方法，跟着哥哥姐姐一起玩得很开心。

案例中，教师及时关注了不同年龄孩子一起活动的细节，引导年龄大的幼儿带动年龄小的幼儿游戏，鼓励哥哥姐姐示范游戏的玩法，耐心等待小妹妹的慢动作。哥哥姐姐的运动表现不同程度地影响着弟弟妹妹的参与态度。通过异龄幼儿的互动构成一个互相学习的平台，大带小，让孩子们在游戏中学会合作、学会帮助、学会分享、学会体谅，习得动作技能，体会成长的快乐。

案例：

过小桥

思含、琪琪和煜晞几个好朋友搬来了很多木桩，把它们放在地上连续地摆了一排，原来她们要玩过小桥的游戏，她们交替着走上这座木桩桥，琪琪和煜晞能够顺利地通过，而思含总是走到半路就掉下来。走了两次，思含不想玩了，跑去找来了一个半月摇，小心地想站上去玩，但还是失败了，她开始有点情绪低落，躲到了综合运动区的角落里，小伙伴们依然玩得很高兴，丝毫没有注意到思含的离开。我悄悄走过去，对正在走木桩桥的琪琪和煜晞说："思含在因为不能顺利通过小桥伤心呢！你们要帮帮她吗？"她们点点头，跑去找到了思含重新加入她们的游戏。

"思含，如果你把手这样平举起来慢慢地走，会好一点哦！"琪琪根据自己的经验来告诉思含，煜晞也来安慰小伙伴："对，你还可以像我这样一步一步横着走，你别怕，我们都可以保护你。"在同伴的示范和鼓励下，思含又走上了小桥，她用上了琪琪和煜晞的经验：展开双臂、一步一步横着走，慢慢地通过了这座木桩桥，兴奋之情溢于言表。

案例中，教师及时捕捉到了思含因为平衡能力发展相对滞后，走木桩小桥失败后的情绪变化，选择从同伴身上入手，引导能力较强的幼儿琪琪和煜晞来帮助思含掌握平衡要领，促进思含的进一步发展。能力强的幼儿在这样的过程中学会了帮助别人，能力弱的幼儿学会了动作要领，获得了发展。

第五节　强化诊断与改进，促进幼儿经验提升

诊断改进是提升支架式户外体育区域自主活动有效性的重要途径。对支架式户外体育区域自主活动的诊断分析，主要关注三个维度：一是游戏中的幼儿，这是教师分析的主要维度；二是游戏中的教师，尤其要关注游戏中的师幼互动，重点分析教师的介入和引导是否适宜；三是游戏中的环境与材料。

一、幼儿发展问题诊断与改进

（一）诊断内容

主要参考支架式户外体育区域自主活动幼儿评价表从身体与运动、情感与态度、交流与交往、探索与认知、规则与习惯、想象与创造六个维度进行诊断。

（二）诊断与改进的主要环节

主要通过"观察—分析—解读判断—提供调整支架—观察"的循环过程，螺旋式推进，不断发现问题，提供支架，解决问题。

案例：

潼潼和桥的故事

观察时间：2016 年 11 日

观察地点：综合运动区

观察内容：潼潼和梯子桥

综合运动区有各种形状、不同尺寸的竹梯、木梯、木块、木墩、轮胎、垫子以及木板、长凳、平衡木……一把竹梯放在一边的空地上，无人问津。潼潼在旁边看别人玩，没有加入任何游戏。过了好一会儿，她开始晃晃悠悠地走上了摆在一旁的梯子，刚走了几步，就滑了下来，她小心地望了望四周，确定没有人关注到她，才又开始尝试着走上小桥，走上去却又滑了下来，当她第三次走上了小桥的时候，脚一半踩在地上，一半踩在梯子上，终于通过了这座小桥，她感到很高兴。

分析：潼潼是我们班上年龄较小的一个女孩，胆子小，平衡能力、身体协调性都比同龄人差，每次活动，她都只在综合运动区看别人玩，从不参与。动作发展的相对滞后让潼潼没有自信，不愿意参与活动。

解读判断： 观察是幼儿获得经验的最快捷的途径，潼潼每次都只是看别人活动，其实也是她的一种学习方式，她在观察中不断积累和思考，为某一天的"厚积薄发"储蓄能量。我虽然希望她能够积极参与游戏，但是也要充分理解和尊重幼儿发展进程中的个别差异，支持和引导他们从原有水平向更高水平发展。

提供调整支架： 我不强迫她参与活动，给予她充分的自主，为她搭建情感支架，给潼潼充分地观察学习的机会，正确把握潼潼的当前发展水平，同时关注并捕捉她第一次主动尝试的关键时刻。

观察时间： 2016 年 11 月

观察地点： 综合运动区

观察内容： 潼潼和木桩桥

我找到潼潼的好朋友晓熙，让晓熙请潼潼帮忙搬木桩搭小桥，或许是因为才经历了一次小小的成功，潼潼没有拒绝。桥搭好了，晓熙先走上去，顺利地通过了，潼潼很犹豫，一直不肯上桥。

晓熙鼓励她："潼潼，你别怕，我以前也很害怕，就算摔下来也没什么大不了的！"在晓熙的鼓励下，潼潼走上了木桩桥，她小心翼翼地走着，没走两步就掉了下来。"潼潼，如果你把手这样平举起来像开飞机一样慢慢地走，会好一点哦！"琪琪也说："你还可以这样一步一步横着走，就简单多了！你别怕，我会保护你。"在同伴的鼓励下，潼潼又走上了小桥，她展开双臂、一步一步横着并步走，慢慢地通过了木桩桥，兴奋之情溢于言表。

分析： 以前我每一次试图引导潼潼参与游戏的时候，她总是很惊慌，躲得远远的。在关注到潼潼第一次小心翼翼地尝试后，我意识到对于潼潼这样胆小的孩子，同伴的帮助能够让她自然而然地获得经验。

解读判断： 潼潼的活动经验不足，因此总是不敢参与活动。同伴交往是幼儿获得经验的有效途径，通过同伴引导潼潼加入游戏，在同伴之间相互学习，帮助潼潼获得经验。

提供调整支架： 利用同伴因素，引导潼潼加入游戏，唤起潼潼已有经验。并通过同伴交往，鼓励潼潼大胆开展木桩桥的尝试，通过体验、操作，帮助潼潼获得"双手张开，一步一步并脚走"的平衡经验，不断提升经验。

观察时间： 2016 年 12 月

观察地点： 综合运动区

观察内容： 潼潼和奶粉罐桥

距离上次活动已半月有余。今天潼潼还是在综合运动区搭木桩桥，潼潼已经能够很平稳地双脚交替走过木桩桥了，游戏对她来说没有任何难度。

我想了想，搬来了很多奶粉罐，搭了一座弯弯曲曲的小桥，我走上去，故意夸张地摔了下来。"我们也可以摆一座弯弯的小桥，也许会更好玩。"很快，一座和我摆的一样的弯弯的小桥搭好了，他们经过了好几次尝试，终于顺利通过。潼潼受到了启发，开始不满足于这一座桥，她又把每个木桩拉开一定的距离，变成一座有间隔的桥，然后又变成既有间隔又有弯度的桥……过了一会，潼潼又搬来了很多雪糕筒摆成桥，雪糕筒的接触面积更小，高度更高，难度更大，潼潼和晓熙把这些不同的小桥全连在了一起，开始了高难度的平衡挑战，很多小朋友都被吸引了过来。在最后分享环节，我请潼潼和晓熙分享了他们的小桥游戏，大家看到一座小桥玩出了这么多花样，都觉得很了不起。

分析：潼潼已经能够主动参与活动，自主选择材料并发起游戏，在重复玩了好几周的木桩桥游戏后，潼潼已经能够较平稳地走过木桩桥了，但是她的游戏就仅止于此，不再深入，潼潼的发展也停滞不前。

解读判断：在体育区域自主活动中，孩子虽然能够小步递进地自然发展，但是他们不能仅凭一己之力，让学习和发展升级。因此，教师应该及时介入，为幼儿创设通往"最近发展区"的支架，让幼儿获得最适宜的发展。

提供调整支架：教师选择了以平行游戏者的方式参与他们的搭建活动，通过改变材料的组合方式，激发幼儿的兴趣，引导幼儿创新游戏的玩法，同时在分享环节，通过分享游戏情况，帮助幼儿梳理经验，形成新的经验。

二、教师问题诊断与改进

（一）诊断内容

主要参照支架式户外体育区域自主活动教室评价表从观察幼儿、指导幼儿、促进幼儿经验提升、活动评价、反思调整几个方面对教师开展活动的情况进行诊断。

（二）诊断与改进的主要环节

主要通过"观察评议—同伴建议—反思改进"进行教师问题的诊断与改进。

观察评议：聚焦某一主题，如"教师的观察与指导"，开展现场活动观摩，教师自选活动区域进行观察和评议。

同伴建议：在观摩现场活动之后，对教师在支架式自主活动中的行为进行评价，提出改进建议。

反思改进：在共同研讨、同伴建议的基础上，教师进行自我反思，回到实践，改进教学行为。

案例：专题研讨《如何充分发挥材料的支持作用？》

活动时间：2019 年 × 月 × 日

参加人员：课题组成员

活动实录：

一、观察评议

主持人：材料的支持是体育区域活动中非常有效的策略。如何充分发挥材料的支持作用？本次教研我们就聚焦材料，从真实的活动案例入手，大家观摩车行区、综合运动区、球区等区域，有目的地观摩后开展分组研讨，再分组分享，最后梳理总结大家的经验。

课题组教师分散到各个区域观摩体育区域自主活动，重点观察活动材料。

二、同伴建议

李老师：材料间的多种组合可能助推幼儿活动兴趣。综合运动区的轮胎、竹梯材料可单独使用也可组合使用，给创设运动情境带来了更多可能。活动中幼儿将竹梯搭在轮胎上或人字梯上进行"过小桥"的运动。

陈老师：在球区投放了各类自制纸球、纸箱等，有些孩子玩纸箱投掷，开始还保持了投掷的距离，慢慢地几个孩子越投越近，最后几乎是直接扔在纸箱里了。教师看到后，将一根绳子摆在了投掷箱前方的地面，孩子们看到这根线后，意识到应站到线之后去投掷；教师同时在另一组投掷的前方，用草绳在地面画出一个更远的投掷区。幼儿在两组投掷区间看了看，选择了适合自己的投掷距离。教师通过草绳这种材料，暗示幼儿应站在一定的距离外进行投掷，同时用这样的方式提供了难易程度不同的投掷游戏。

王老师：在活动中我们还发现，教师在观察到幼儿追跑轮胎运动量过大时，在场地中用轮胎摆放出若干障碍，引导幼儿走S形，孩子的速度自然就慢了下来，动作更具准确性，运动量得到缓解。教师充分运用材料调节运动量也是很好的支持策略。

三、反思改进

主持人：通过今天的研讨，主要梳理出以下五个观点：①教师通过材料的提供，激发幼儿参与活动的兴趣；②活动中实时观察幼儿运动情况，通过材料的调整，调节幼儿运动量；③通过调整材料，及时解决活动中的安全隐患或矛盾冲突；④通过调整材料，暗示幼儿游戏规则；⑤通过材料的调整，满足幼儿的不同需求，提供不同难易程度的挑战，让幼儿更乐意参与活动。

以上几点是通过大家的观察、交流、梳理之后得出的宝贵经验，通过材料支持为孩子的体育区域自主活动搭建支架，使幼儿更有兴趣参与活动，更有效地开展体育活动，提高体能，发展各项动作。期待通过此次活动，能为大家以后的体育区域自主活动的材料支持提供参考，大家结合今天的观摩讨论，反思自己活动中的行为，将这些策略运用到以后的活动中，更好地为幼儿的活动提供支架，促进幼儿身心和谐发展。

三、体育区域活动环境的诊断与改进

（一）诊断内容

主要参考支架式户外体育区域自主活动的活动环境评价表从体育区域活动的设置与规划、体育区域活动材料、体育区域活动中的安全三个方面进行诊断。

（二）诊断与改进的主要环节

对支架式户外体育区域自主活动环境的诊断与改进主要通过以下环节进行：活动

前的评估—活动中的观察—活动后的评议—活动调整与改进。

四、活动管理问题诊断与改进

（一）诊断内容

（1）时间保障：《3~6岁儿童学习与发展指南》规定，幼儿每天的户外活动时间一般不少于两小时，其中体育活动时间不少于1小时。幼儿园统筹安排、协调开展、统一要求是保证幼儿每天的户外体育区域活动时间的重要方面。

（2）场地保障：是否统筹安排活动场地，保证每个班级定期轮换，确保幼儿在每个区域都能够自选材料自主开展活动，获得不同的经验。

（3）材料保障：是否为户外体育区域自主活动提供了适宜的、类多量足的活动材料，并派专人管理，定期检查，及时更换，保障幼儿园户外体育区域自主活动的顺利开展。

（4）经费保障：保障幼儿园户外体育区域自主活动的专项资金，满足幼儿园活动环境的改造、材料投放、教师培训等的经费需求，专款专用。

（二）诊断与改进的主要方式

（1）统筹安排、动态管理。幼儿园对户外体育区域自主活动的时间、场地进行统筹安排，并实施动态管理，根据幼儿的兴趣调整活动材料、区域等，发现问题及时解决。

（2）提供类多量足的玩具材料，保障户外体育区域活动的正常开展，并根据幼儿游戏需要及时增添、补充材料。

（3）专人管理，定期检查，对于废旧有安全隐患的材料及时更换处理。

（4）幼儿园提供专项经费，保障体育区域活动顺利开展。

第五章　共生共长：支架式户外体育区域自主活动的教师发展

支架式户外体育区域自主活动体系构建实施的过程既是幼儿发展的过程，也是教师专业成长的过程。幼儿的发展依托教师的成长，在此过程中，我们通过专题学习、读书分享、现场观摩、教学诊断、专题研讨等多种形式，提升教师的专业水平，促进教师的专业发展。同时，教师积极反思，不断总结经验，形成了一系列的教育智慧。

第一节　教研天地

一、理论培训与学习

（一）专题学习

在课程实施和研讨的过程中，我们了解到，对于理念的学习、经验的传递、问题的解决仅仅通过观摩、研讨是远远不够的，还需要理论武装，此时就需要专题学习。

案例：

培训题目：对话式研训——谈支架式教学理论及其在幼儿园的运用

培训目的：（1）学习了解支架式教学理论，丰富理论知识。

　　　　　（2）思考运用支架式教学开展体育区域自主活动。

培训形式：专题学习＋参与式研讨＋分组交流

培训过程：

一、理论学习

（一）支架的概念及类型

1. 支架的概念

"支架"一词来源于建筑行业的一个用语，即"脚手架"，从本义来看，它只在修建房屋的某段时间或某阶段作为一种工具而存在，当目标实现，它就会被撤走。但是，在这特定的时间或阶段，这种工具又是非常必要，甚至不可或缺的，失去以后就无法实现修建房屋这一目的。吉本斯（Gibbons，1999）认为，支架是导师帮助学习者懂得如何做某事的过程，使其具备未来独立做事的能力。为了帮助幼儿的能力从一个水平提升到另一个更高的水平，教师提供的支架应随着幼儿能力的提高而逐步减少，最终撤销，促使幼儿自主获得相应的知识和技能。

2. 支架的类型

国内学者赵南、徐利新[①]在实践指导方面把教师支架类型划分为间接和直接影响幼儿认知过程的两种支架类型，其中包括七种具体的支架：

（1）激发儿童参与的兴趣和动机。

（2）帮助儿童建立自信。

（3）提醒儿童注意当前的学习任务。

（4）向儿童解释当前学习任务。

（5）激活儿童已有经验。

（6）向儿童提供解决策略。

（7）向儿童示范解决过程。

袁宗金将支架划分为认知、能力、情感三种类型。

（二）支架式教学的概念、理论基础与内容

1. 支架式教学的概念

支架式教学指的是在幼儿园活动中，教师为了把幼儿对知识的理解逐步引向深入，教师在判断幼儿实际的发展水平的基础上，采取具体、适宜的支架方法，通过投放不同层次和形式的材料把复杂的学习任务加以分解，帮助幼儿逐步理解并主动建构知识、获得更高的发展水平而提供引导与支持的一种教学策略。

2. 支架式教学的理论基础

支架式教学思想源自苏联著名的心理学家维果茨基在《社会中的心智》一书中提出的"最近发展区"这一概念。维果茨基提出，儿童智力活动中所要解决的问题与儿童的实际能力之间可能存在着差异，即"最近发展区"，教师的教学可以消除这种差异。20世纪70年代，美国的教育家们在儿童中心的文化背景基础上吸收并发展维果茨基的理论，从而衍生出了支架教学这一思想。维果茨基的文化发展观中的一般发生法则和"最近发展区"理论就是支架式教学最重要也是最直接的基础。布鲁纳也据此提出，在幼儿学习过程中教师的支持也应跟随幼儿的最近发展区成为暂时凭借。

何克抗[②]指出建构主义者在"最近发展区"理论基础之上提出为学习者搭建支架；曹才翰[③]提出"最近发展区"是学生实际发展水平与潜在发展水平之间的桥梁，是创

---

① 赵南，徐利新 . 对教师支架类型体系的理论探索《学前教育研究》2005.7

② 何克抗 . 北京师范大学现代教育技术研究所《建构主义－革新传统教学的理论基础》.

③ 曹才翰 . 数学教育心理学 [M]. 北京：北京师范大学教育出版社 .1998.

设一定情境以支持和促进学习者主动建构知识的意义；王慧认为学习者的实际发展水平和潜在发展水平借助外在条件可以完成一定任务。因此，教育应不仅着眼于幼儿现有的发展水平，而更应关注正在形成或发展的能力和水平。

3. 支架式教学的内容

建构主义者用"支架"两个字阐释教与学的关系，学生的认知活动就是在与外界环境的相互作用中主动建构知识。支架教学明确指出要以最近发展区作为教师介入的依据，幼儿的最近发展区就是根据幼儿原有经验储备和能力所设计的范围。支架式教学的特点大致可概括如下：第一，学习活动内容的选择要基于幼儿的最近发展区；第二，支架要具有兴趣性、互动性和渐撤性，教师所搭建的支架要有利于激发幼儿的学习兴趣，为合作学习和自主探索提供支持，当幼儿自主解决了问题支架就要及时撤去。

（三）幼儿园支架式教学的含义

幼儿园支架式教学是"在共同的问题解决活动中，教师和幼儿之间温暖的、愉快的合作，在这种合作过程中，教师通过提供敏感的适当的帮助，促进幼儿发展，当幼儿技能提高时，让他们承担更多的责任，从而支持幼儿的自立、自治、自主、自发性"。教师提供支架是为了将来能撤走支架，使幼儿能独立地学习。在提供支架的过程中，随着幼儿能力的提高，教师应逐渐地将学习的控制权移交给幼儿。幼儿园支架式教学的本质在于以最近发展区作为教师介入的空间，为幼儿的学习提供支持，促使幼儿主动而有效地学习。

（四）幼儿园支架式教学的步骤

幼儿园支架式教学包括五个步骤：

（1）创设问题情境。

（2）搭建支架，引导幼儿进入问题情境。

（3）幼儿独立探索。

（4）协作学习。

（5）效果评价。评价与问题探索过程融为一体。

（五）幼儿园支架式教学的特征

（1）学习活动基于最近发展区。

（2）支架的暂时性。

（3）支架的温暖性、兴趣性。

（4）互动性。

（六）幼儿园支架式教学中应注意的几个问题

（1）学习的起点：基于问题。

（2）幼儿的学习：主动构建的过程。

（3）教师的角色定位：支架的设置者。

（4）教师有效指导的前提：观察。

（5）教育活动过程：师生间、生生间的有效互动。

（6）评价幼儿的方式：灵活多样。

二、参与式研讨

主持人：孔子曾说，学然后知不足，教然后知困。知不足，然后能自反也；知困，然后能自强也。在我们的体育区域自主活动中，如何运用支架式教学理论来指导教师行为对大家来说是一个难题。带着这样的问题，我们今天一起认真研学了"幼儿园支架式教学"，帮我们厘清思路。接下来是大家思考和发言时间，请结合专题说说你对支架式教学的理解。下面是自由发言时间，大家可以畅所欲言。

教师赖×：支架式教学源于维果茨基提出的"最近发展区"理论，由此可以看出，观察发现幼儿的能力水平，找准其最近发展区是开展支架式教学的前提。

教师凌××：何为支架，我理解为给××的支撑。在幼儿园支架式教学中，就是教师要给孩子提供乐于参与活动、怎样参与活动的各种支持，这些支持共同构建出"支架"。

教师阳××：听过讲座之后，我感受最深的是支架式教学的五个步骤，它既是教师在活动中给孩子搭建支架的过程，其实也是给教师如何组织区域体育自主活动建模，给教师自身搭建了支架。支架式理论既是对学生，也是对我们教师，特别是对于新手教师来说，有了可参考的模式进行支架式教学，教师有了抓手，更能有效开展体育区域自主活动。

教师陈××：对于支架式教学，我的理解是一切都是基于观察幼儿、了解幼儿的前提下进行的，是以学习者即幼儿为主导的一种教学方式，它与《3~6儿童学习与发展指南》中以人为本的思想是完全吻合的。

教师张××："最近发展区"作为支架式教学的重要特征，其意义在于教师要给孩子提供支架支持，帮助幼儿从实际发展水平（第一个发展水平）向潜在发展水平（第二个发展水平）前进。

教师王××：我想到的是讲座中五步骤的最后一步，效果评价。它不是固化在固定的时间进行，而是可以与活动过程、幼儿的参与过程融为一体的。及时评价，提出新的建议或挑战，帮助幼儿不断螺旋式发展。这需要教师的细心观察和教育智慧。

三、分组分享

主持人：对于一种新的教育理论，我们既要知道其理念来源、核心内容、基本步骤、原则等，更重要的是要结合我们"体育区域自主活动"的实际情况，如何有效运用，助推幼儿的自主活动。下面分年级组进行交流研讨，最后由每组代表发言。

第一组：我代表小班组来说一说我们的想法。通过专题学习，我们明确了支架式教学的理论，知道在体育区域自主活动中运用五个基本步骤进行。但到底哪些内容属于教师应当给孩子提供的支架，从哪些维度来构建支架？我们组认为，可以从提供有趣的材料开始，再到创设情境再现幼儿已有经验，并丰富经验以及幼儿遇到困难时给予支持都是构建支架的要素。教师可以从思考这些支持方式入手，并在教学实践中尝试。

第二组：支架式教学理论的第一个步骤就是创设问题情境。创设情境，我们的理解就是教师结合幼儿的兴趣爱好生成或预设一个主题，营造出情境，即为主题式的体育区域活动。幼儿在主题式的情境下，自发、自主地运用材料搭建出运动场景，通过自主探索、与同伴协作游戏、教师观察指导等开展活动。同时我们也认为，幼儿自己运用材料创意搭建出场景也是创设问题情境的一种方式。

第三组：在支架式教学中，教师的观察是有效指导的前提，我们梳理了以下一些观察要素，与大家分享。①关注幼儿身体与运动，观察幼儿的平衡能力、身体灵敏性等；②观察幼儿的情感与态度；③交流与交往；④活动中幼儿是否喜欢尝试新材料，乐于探索，创造新玩法；⑤观察幼儿的运动习惯与规则意识等。有了这些观察要点作为抓手，教师才能更清楚地分析幼儿，并做出相应的指导支持。

主持人：古语说得好"三人行必有我师焉"，团队的力量更加强大。大家从不同的角度入手，谈到了通过哪些途径构建支架，帮助幼儿从现有发展区向最近发展区搭建通道，也有小组谈到了支架式体育区域自主活动中如何观察幼儿和对五步骤的实施理解等，这些都能为我们今后的教学实践提供帮助。当然，还有许多值得思考的问题，如如何从构建、搭建到拆除学习"支架"，根据幼儿的发展理解支架的暂时性等问题，我们将在之后的学习与研讨中继续携手探索，共同前行。

（二）读书分享

为构建"学习型团队"，提高广大教师的主动发展意识，扎实理论功底，加速专业成长，我们在教职工中广泛开展"读一本好书"活动，要求教师积极充电，多读书读好书，并积极撰写读书笔记，定期开展读书分享活动。

读书分享记录

时间：20××年×月×日
地方：中心园多媒体室
参与人员：课题组全体成员
内容：市级课题"幼儿园体育区域活动的实践研究"读书分享
分享记录：

主持人：我们开展此次读书分享活动，旨在让老师们在学习中汲取知识和营养，寻找适宜我园开展体育区域活动的相关方法和途径，并在阅读相关专业书籍中有所获、有所得。同时，阅读也是提升自身专业修养的一个重要方式。我们可以在书中反观自己的教育教学，并学会反思和总结，从而指导自己更好地开展体育区域活动。接下来有请老师们依次进行读书分享。

阳××：《3~6岁儿童学习与发展指南》中指出："幼儿阶段是儿童身体发育和机能发展极为迅速的时期。"我们开展体育区域活动也是为了促进幼儿全面健康发展。但在开展体育区域活动中也应该注意以下几个方面的问题：一是注重与其他领域教育的有机结合，幼儿是作为一个整体而发展的，要关注幼儿学习与发展的整体性。健康领域的学习与发展应同其他领域的学习与发展有机结合、相互渗透。二是要在体育区域活动开始前进行必要的健康检查。三是要在体育区域活动中加强对幼儿的安全保护与安全指导，在活动前提出必要的安全要求，在活动过程中要注意观察幼儿的动作状况和行为表现，提醒幼儿注意安全，根据幼儿的活动状况随时对运动器材、运动内容以及运动量进行调整，以适应幼儿的活动需要。

凌××：今天我分享的书籍为《幼儿园户外体育活动探索》。我主要从"加强户外体育活动的保健管理，保证活动安全"这一主题来进行分享。一是活动场地及玩具的安全管理方面，应该进行定期的检查，并且在活动前、活动后进行检查和整理，以确保幼儿的活动安全。我们在组织幼儿活动中一定要绷紧安全这根弦，及时排除安全隐患，确保幼儿活动的顺利开展。二是体育活动的规则建立。要针对幼儿的心理特点和年龄特点，创设游戏情境，引导幼儿感受规则在体育活动中的重要性。还可以引导幼儿共同建立体育活动规则，引导幼儿遵守体育活动规则。规则是有效开展活动的前提。三是在体育活动中应该遵循循序渐进、全面锻炼的原则，特别要注重对体弱儿的体育活动保健以及特殊天气条件下的体育活动保健。四是体育运动中的安全自护，幼儿年龄小，安全意识和安全技能较差，因此教师要引导幼儿学习掌握安全自护的方法。

王××：近期我阅读了《幼儿园民间体育游戏课程》一书，书中指出传统民间体育游戏里面蕴含丰富的教育价值，是幼儿园教育中值得挖掘的宝库。该书先从理论层面解析民间体育游戏的价值及幼儿园民间体育游戏的目标、内容、组织、实施、评价等问题，然后在实践层面上，列举了幼儿园民间体育游戏的创新设计与玩法，图文并茂，值得我们进行学习和借鉴。

赖××：在阅读书籍《户外区域体育活动的教与学》后，我有以下几点心得和大家进行分享。我认为幼儿园户外区域体育活动的特点及组织形式是值得分享的重点。我们应该遵循区域的开放性，因地制宜，通过场地的选择和各种器材或物品的摆放来划分区域。遵循幼儿选择的自主性，可以让幼儿自由结伴、自己选择玩的材料和方法、自己调节活动时间和次数等。活动的目标也要有层次性，通过不同的材料投放体现不同层次的目标。另外，还需注意活动内容的丰富性、组织的灵活性以及过程的游戏性。针对幼儿园户外区域体育活动的组织形式，我们可以采取班级开展的区域体育活动、班级轮换活动、年级同龄共同活动、混龄共同活动等方式进行。

王××：《幼儿园区域活动的实践与探索》一书中有很多内容值得我们学习和借鉴。在区域活动中环境、教师、幼儿这三者构成了区域活动的三要素。教师应该是幼儿活动的观察者、指导者、游戏伙伴，是活动环境的创造者。而幼儿是积极主动的学习者、游戏者。在幼儿进行区域活动时我们应该进行针对性指导，指导幼儿有目的地参与活动，指导幼儿遵守规则，指导幼儿使用工具的方法等。我们还应为区域活动的开展提供有效的支持，如提供个性化的物质支持，为幼儿构建丰富适宜的游戏环境；探索适宜的教研方式，提高区域活动研究的实效；实施多元的评价，追求评价的民主性。

主持人：阅读是收集信息、认识世界、发展思维、获得审美体验的重要途径。听了大家的读书分享，我感受到你们在书中获得了思考、反思和成长。开展教育科研工作，阅读固然重要，写作实践同样重要，我们要重视阅读与写作的有机结合，将"阅读"长期根植于"写作"的沃土中，把教育实践中幼儿的活动及时进行记录，及时进行反思和总结，才能让课题更好地开展，从而促进幼儿更好地发展。

（三）好书推荐

在读书分享的基础上，开展"推荐一本好书"活动，让教师树立"让读书成为一种习惯，让读书成为一种乐趣"的意识，读好书，好读书。

案例：

好书推荐一：《体验孩子：宋庆龄幼儿园区域活动案例》

内容简介：这本书的作者是陈磊，本书列举了宋庆龄幼儿园区域活动中13个案例，包括"13次失败""插雪花片""探索性环境的创设""看幼儿玩拼图""比较轻重"等。从13个案例中，可以总结出环境创设与生成策略、观察倾听与回应策略、分层指导的认知策略、操作探究的经验积累、个别启发的引导策略、集体活动的交流指导策略等。本书中鲜活的案例将给我们极为有益的启示。

推荐理由：在这本书中可以找到如何创设一个能吸引儿童、引导儿童活动的区域环境的答案，书中也能对区域合作游戏开展的策略分析采用案例剖析的形式来阐述观点，同时作者提出的"既要提供一个有准备的、丰富的、精心设计的、有序的环境，又要提供开放的、变化的、有多种探索发现机会的环境"的观点。与我们开展体育区域活动的观点和策略都有相似之处，相信这本书值得一看！

好书推荐二：《户外区域体育活动的教与学》

内容简介：这本书的主编是段春梅，本书根据《幼儿园教育指导纲要（试行）》和《3~6岁儿童学习与发展指南》的相关精神，结合北京市"十一五"研究课题，通过三年的研究工作，把丰硕的研究成果记录其中，对幼儿园户外区域体育活动进行了理论研讨、研究探索和实践探索。

推荐理由：本书理论联系实际，从幼儿兴趣出发，引导教师科学地开展户外区域体育活动。书中介绍了户外区域体育活动的价值、特点及组织形式，提出了科学设置活动区域、投放活动材料及教师的组织指导，这一系列的内容都能帮助教师转变教育观念，提高教育实践的能力，为更好地开展体育区域活动提供理论依据和有效的方法，此书是不可多得的一本好书。

二、实践培训与学习

（一）现场观摩与教学诊断

观摩研讨、教学诊断是开展体育区域活动的重要内容，我们要注重以观摩研讨来提升教研活动的水平。发挥课题组教师的集体智慧、群策群力，共同研讨，每月一主题，逐步推进。

案例：

教师教育行为的诊断与评价

活动时间：20×× 年 × 月 × 日

参加人员：课题组成员和大班组教师

活动背景：

自开展支架式体育区域自主活动以来，我园围绕区域中的幼儿开展了专题研讨，明确了区域活动中评价幼儿的几个要素，教师能通过幼儿的语言、行为、与同伴的互动，有效把握幼儿的兴趣、运动水平、最近发展区、规则意识、合作意识等，接下来就是关注教师自身。此次以大班综合运动区"小小运动员"为蓝本，就"支架式体育区域主题活动中教师行为"进行教学诊断与评价，解读教师在主题活动中应当做什么、可以通过哪些通道、怎样支持幼儿。

活动目的：

（1）依托支架式体育区域自主活动"小小运动员"，解读教师的支持策略。

（2）结合评价表评价教师的支持行为。

采取的方式：教学诊断

活动流程：

（1）参会教师分组，确定发言人

（2）观摩支架式体育区域主题活动"小小运动员"。

（3）运用评价表记录、诊断并评价教师的教育行为。

（4）教师介绍活动并反思。

（5）分组分享。

（6）活动梳理与总结。

活动实录：

主持人：在观察诊断区域活动时，我们往往通过区域中的环境、区域中的幼儿、区域中的教师三个部分进行。今天我们结合区域活动中教师评价表，就支架式区域体育主题活动中的教师行为，进行现场教学诊断，期望大家将所见、所思、所想进行分享交流，既给组织活动的教师提出宝贵意见，也为自己以后的教学提供借鉴，学人所长，避己所短。接下来，结合评价表，先进行观摩流程。

（1）观摩：结合支架式户外体育区域自主活动教师评价表观摩大 × 班支架式体育区域自主活动。

（2）主教教师介绍活动并反思（表5-1）。

表5-1　支架式户外体育区域自主活动计划表

活动区域	综合运动区：小小运动员	活动时间	20××年
活动班级	大×班	教师	凌×
活动设计	活动目标： 1. 让幼儿感受主题体育活动带来的乐趣 2. 激发幼儿利用轮胎和竹梯、图卡等材料创设"小小运动员"的情境，并进行自主活动 3. 通过幼儿体育区域自主活动，锻炼幼儿体能 活动材料： 轮胎、竹梯、图卡 活动过程： 1. 幼儿入场并做热身运动 2. 教师介绍"小小运动员"的游戏情境，引发幼儿参与兴趣 3. 教师提供材料，鼓励幼儿自主搭建运动员的训练场，进入游戏情境 4. 围绕主题进行游戏，教师观察并适时引导 5. 收拾整理运动材料 6. 分享交流、评价小结、放松		
活动反思	1. 在情境设置部分，教师在拓展幼儿经验时做得不够，不仅要唤起幼儿已有经验，还应通过更丰富的真实图片或视频拓展幼儿经验，给他们自主建构游戏场景提供参照 2. 教师在活动中注意平衡自己与幼儿的关系，做到了以幼儿为活动的主体，自己以引导者、合作者、参与者的角色参与到活动中 3. 教师在活动中注意观察幼儿的活动情况，通过及时调整自身角色、调整材料、调整材料摆放方式等方法来引导幼儿解决困难 4. 教师提供的材料简单、低结构，有多种组合方式，能满足不同能力水平幼儿的发展需求。但教师引导幼儿向更高水平发起挑战的意识还不够 5. 教师应当有记录的意识，不管是观察时的记录，还是幼儿创建情境时的记录，做得都不够 6. 分享交流环节因为没有记录场景设置，所以幼儿在分享时，教师和其他幼儿都不能再现场景，教师也不能迅速从中抓住关键点，帮助幼儿梳理提升经验，只能比较粗浅地进行一些评价		
问题与调整	1. 随身携带观察记录表或手机，及时记录幼儿活动情况 2. 下次可提供一些路障类、箭头类的标志，让幼儿可以通过标志的运用更清晰地设置出游戏的路径，以免组别之间的冲突 3. 可以把整理材料和分享交流环节交换一下顺序。幼儿依托各组布置的场地，先进行分享交流，教师和孩子都能通过听分享、看真实场景，生动地再现幼儿活动情况，最后再整理材料结束活动		

（3）教学诊断的研讨

主持人：我们结合支架式体育区域活动教师评价表，将教师分为"观察组""指导组""评价组""调整组"，每组5~7人。四个组的桌面有组名的桌牌，教师可自由选择想加入的组，选择好之后，请即时推选组长、发言人、记录人和绘制海报的教师。（教师自主分组，并分配角色。）

主持人：大家已经选好了自己感兴趣的组，每组也推选出了组长、发言人、记录人等。接下来是主教教师介绍活动并针对自己的教学行为进行反思。

各组围绕各自的主题自由研讨，时间为15分钟，请各组将观点呈现在海报上，小组分享时再呈现给大家。

小组分享：

第一组：我们组主要关注到了活动中教师对幼儿的观察这一部分，接下来本人代表本组与大家进行分享。

所见：凌老师在观察时即注重了全面观察，也关注了个别幼儿。譬如，在幼儿运用材料自由建构主题情景时，首先用到的是全面观察，把握全场幼儿的参与状况，是否都开始进行情景的建构，再在全场观察的基础上，关注到个别幼儿。我们发现教师在观察过程中，比较关注交往能力和运动能力较差的幼儿，如穿白色外套的矮小的女孩，她独自搬运轮胎非常吃力，教师站在不远处观察了她很久，看她使劲把轮胎立起，将轮胎推到场地上，然后又推来一个，想把第二个轮胎搬上去，可是她一个人使足了力气也做不到，教师发现了这个问题，在关注全场的同时，特别关注她是怎样找同伴协助完成搬运的。教师能通过全面观察、个别观察，及时发现问题，并持续关注幼儿的进一步发展。

教师在活动之后的反思，从自身定位、观察与指导等多方面进行，分析精准，我们组全体老师都很赞同。

所思：教师做到了多种观察方法相结合，且有自己的观察重点，能及时发现问题，但我们组认为，教师有观察的能力，但缺乏记录当下场景的习惯。活动后的反思时，凌老师也意识到了这一点。教师应当为观察做一些其他准备，如纸、笔、记录表、手机或者录音笔等。手机拍照就是非常方便的一种方式，能帮助教师进行情景再现。手机记录之后，最好通过统计表或观察记录的方式把有价值的数据或片段记录下来，成为教师反思和进步的素材。

第二组：我们组针对教师的指导，将通过"我见""我思"两个部分来向大家进行分享。

我见：

（1）教师通过创设情境给幼儿提供支持和指导。一开始创设了"小小运动员训练"的游戏情境，并介绍了运动材料，引导幼儿商议运动员的训练场应当有哪些训练项目，可以通过材料怎样拼搭建构出场景。

（2）教师还为幼儿提供运动员训练场的图片，帮助幼儿更好地搭建出运动场景，共同推动活动的进行。

（3）教师引导幼儿积极与材料互动、与同伴互动、与教师互动。教师引导幼儿利用轮胎等材料合作搭建运动场的场景，商量并确定本组玩法；运用材料的不同搭建方式，对不同能力水平幼儿的挑战学习予以支持；运用材料搭建，建构出有序的运动场景，尽量规避危险。

（4）教师通过合作、平行参与者、引导者等方式对幼儿活动给予支持。幼儿在讨论如何建构运动场遇到瓶颈时，教师是引导者，通过图片和提问等方式给予帮助；当幼儿在跳着过轮胎时有困难，动作要领掌握不好时，教师是平行参与者，以游戏者的方式加入，让幼儿可以在观摩中学习怎样才能在竹梯上走得更稳，跳过更高的轮胎小山……

（5）在分享交流环节，教师引导幼儿说出"你们的训练场用了哪些材料？""怎样搭建出训练场？""运动员在训练场是怎么训练的，用了哪些方式？"。幼儿大多愿意积极分享。教师还通过提问"怎样才能在高高的竹梯上走得稳稳的"，幼儿通过自身成功的案例分享，让其他孩子学习了经验。

我思：

（1）教师角色定位：在以后的活动中，我们组觉得教师首先要转变观念，改变区域体育活动中的放任自流或过度干预，在活动中隐去"教师"的身份，变身为幼儿活动的引导者、支持者、合作者、参与者。

（2）体现"幼儿在前教师在后"主体地位：教师要以幼儿的发展为主，鼓励幼儿大胆表现、自己解决问题，提高幼儿在活动组织中的参与度，从单纯的游戏的"参与者"到游戏的"组织者"，在体育活动游戏场景的创设、游戏玩法上，激发幼儿的"主人翁"意识，提高幼儿游戏的主动性。

（3）有效的支持与指导：教师要在充分观察幼儿的基础上，适时地介入幼儿的活动，并灵活运用关注、支持、引发等指导策略。例如，及时通过语言、动作、表情等给予幼儿情感上的支持与鼓励；以平等的身份，运用启发性引导策略适时地介入，善于将幼儿的球抛回给幼儿，启发幼儿思考；利用同伴因素帮助能力较弱的幼儿获得发展；调整材料投放方式，为幼儿动作的发展提供支持。

（4）分享交流环节，教师在孩子交流玩法后，没有提出下次的希望，如"你们能从两个叠放轮胎上的木梯走过，走得还很稳，那下一次可以尝试搭建难度更大的吗？怎么搭？"，引导幼儿说出尝试哪些更难的项目。教师在活动后的反思时，对这一环节反思还不够到位，说明其对分享交流环节的意义和作用理解不够深刻。

教师要深刻认识到分享交流环节的作用，不仅是要引导幼儿梳理今天活动中的经验，还应当通过分享，让个别经验成为集体经验，同时要引导幼儿期待向更高难度发起挑战，为下次活动确定目标，促进幼儿循序渐进地成长。

第三组：我们组针对教师在活动中的"评价"形成了以下观点，接下来将采用"行径"＋"行为"的方式来分享："行径"表述我们的诊断，"行为"来阐述我们的思考。

（1）教师及时评价幼儿行为。当教师观察发现白衣服的矮小女孩力气不够，不能把第二个轮胎搬到第一个轮胎上时，小女孩看了看四周，找到了一个朋友来帮忙，一起把轮胎抬了上去，教师走过去，及时给予了评价：自己一个人非常努力但仍旧做不到时，请朋友帮忙确实是一个好方法哦！小女孩很高兴，和朋友一起继续去搬梯子和轮胎搭建高高的平衡木。教师很好地诠释了支架式教学理论中，将"效果评价"与活动过程有机融合的理念。改变以往活动最后才进行评价的方式，在活动观察后，及时给予评价，通过及时评价，巩固幼儿游戏行为，促进幼儿进一步思考挑战。

（2）教师的评价有针对性。教师发现一个男孩将竹梯一头搭在一个轮胎上，另一头靠在叠放的两个轮胎上，并用同样的方式，把第二个竹梯在另一边搭了一个向下的通道，形成了一个上坡下坡的地形，很有挑战性。教师这样评价：你用高低不同的轮胎做成上坡和下坡的通道，就像上山和下山一样，很有趣，但不知道稳当不稳当。教师既肯定评价了幼儿的搭建方式，又通过自己的问题引发了幼儿对安全的思考，通过评价的方式起到了支持和引导作用。

（3）教师的评价关注到了幼儿的个体差异。比如，有垫脚走路习惯的圆圆，平衡能力较差，在挑战二层轮胎上搭建的竹梯时，虽然老师在一旁虚扶着他，但他始终不能平稳地走过竹梯，最后他采用爬的方式通过了竹梯，教师在评价时依旧给予了肯定，这是教师根据幼儿的能力水平关注个别的有效评价。试想，若教师仅以全体幼儿都要用走的方式平稳过高高的平衡木，那么圆圆显然是不达标的，教师若以这样不达标的方式来评价他，只会打击幼儿的心理，让幼儿对平衡运动提不起兴趣，丧失了在尝试中不断提高的可能。因此，在以后的活动中，教师都应注意以幼儿能力水平为标准，以最近发展区为发展目标，关注幼儿个体差异，避免一刀切的评价方式。

（4）教师有反思的意识，在分享总结的环节，引导幼儿进行分享，帮助幼儿梳理、提升活动经验。

（5）教师在反思时没有提及活动中自己如何评价，但其本身运用科学的评价方式，注意纵向评价幼儿的发展。

第四组：我们组关注了教师在活动中的调整策略，观察到了教师在活动中的以下行为：

（1）教师补充材料，支持幼儿体育区域自主活动。当幼儿们将轮胎叠得越来越高，平衡木越来越长时，教师及时补充材料，支持幼儿的不断挑战。

（2）教师通过调整材料，帮助不同能力水平幼儿到达"最近发展区"。前面评价组说到的圆圆，我们组也关注到了教师与他的互动。教师发现他走竹梯平衡木时难度过大，因此补充了木板这种材料，圆圆用轮胎和木板搭建小桥，在符合他能力水平的基础上同样提高了平衡能力。

（3）教师调整材料的摆放位置或摆放方式，起到了规避危险的作用。教师引导幼儿从有棱角花台边区域，改到宽阔安全的地方，以此避免幼儿跳轮胎时摔跤跌倒在棱角上，有效规避潜在危险。

（4）教师不仅通过调整材料支持幼儿的学习，也如前面指导组说的那样，不断调整自己的角色来助推幼儿的学习，在这里不一一赘述了。

（5）教师在反思时提到的各类标志，我们觉得很好，要引导幼儿通过这些标志的运用合理规划场地，并注意安全。另外，还可以多提供一些轮胎、竹梯、木板的图片，并提供一张落地式黑板，各组可以把自己商量建构的场景，用图片表现出来，更直观。

且可把这样的图展示在体育区域墙饰上，既起到让幼儿参考的作用，也可作为幼儿挑战的模板，成为幼儿不断成长的动态记录。

主持人：四个组分别从教师的观察、指导、评价和调整来解读了此次活动中凌老师的教学行为。通过这样的研讨，教师应当对观察、指导、评价、调整这四个词印象深刻了，它们清楚地告诉每位教师，在区域自主活动中，教师应当做什么、可以做什么、怎么做。每个组分享到每一个细小的片段和思考都让我产生了深深的共鸣，我相信在座的各位也能通过这些所见所思，为更好地开展以后的体育区域主题活动提供经验支持。同时，教师设计活动时的思考和反思让我们清晰地了解了主教者的思路。每一个活动都不可能是完美的，只有认真思考，不断在反思中学习，找出不足并调整改进，避免下次再犯同样的错误。只有这样，通过思考—实践—反思—调整—再实践，才能知不足，善其事。同时，我也相信，这样的研讨、这样的思考既是我们教师成长的契机，也是在为幼儿的成长插上飞翔的翅膀。此次教学诊断研讨到此结束，我们下次研讨再见。

（二）专题研讨

针对实践中的具体问题，我们开展聚焦于某一主题的专题研讨活动，通过专题研讨，解决实践问题，改善教师的教育教学行为，提升户外体育区域自主活动的质量。

案例：

教研活动时间：2019 年 × 月 × 日

参加人员：课题组成员以及中班组教师

本次教研活动的背景：

体育区域活动常出现两种误区：一是放养式，完全让幼儿自主，教师仅作为旁观者；另一种为过度干预式，教师"引导"幼儿选择材料，帮助幼儿布置游戏场地，类似集中教学活动。我园自开展体育区域活动以来，教师认识到应把活动自主权还给幼儿，自己作为支持者、引导者、合作者和参与者，懂得应为幼儿提供支架式的支持，助推幼儿自主选择区域和材料、自主创设场景、自主挑战。经过前期的实践探索，总结出通过经验支持、模式的运用、材料的支持等为幼儿提供支持。本次教研活动旨在通过教师畅所欲言、智慧的碰撞、厘清材料支持的方式和策略，以期帮助其他教师在区域体育活动中能更好地通过材料的支持来助推幼儿有效开展体育区域活动。

本次教研活动的过程如下。

教研目标：

（1）观摩活动中材料的投放与运用，思考该活动中材料的作用。

（2）聚焦材料，思考如何更有效利用材料。

（3）总结梳理，提供可参考的经验。

采取的方式：观摩＋思考＋交流＋总结。

流程：

（1）通过抽签的方式将参会人员分为 4 个小组。

（2）各小组推选本组组长、记录员和集体交流的发言人。

（3）观摩各体育区域自主活动，重点观察材料的运用。

（4）活动结束后，小组讨论，由记录员及时做好记录。

（5）分享交流：各小组发言人将记录内容张贴在展板上，详细介绍本组观察到的材料的运用及其作用，并提出本组的观点。

（6）总结。主持人简要总结本次活动中材料的运用，并梳理出更合理的材料支持策略。

活动实录：

主持人：上一次我们研讨了户外体育区域自主活动可以通过模式的运用来支持幼儿，给教师提供了参考依据。除了经验的支持、模式的运用，材料的支持也是体育区域活动中非常有效的策略。如何充分发挥材料的支持作用？本次教研我们就聚焦材料，先从真实的活动案例入手，大家观摩一楼的车行区、综合运动区、攀爬区、球区、运动休闲区等区域，有目的地观摩后开展分组研讨，再分组分享，最后梳理总结大家的经验。

在活动开始之前，请教师抽签分组，并确定记录员、发言人。

观摩活动：教师组织幼儿来到综合运动区，开展体育区域自主活动，参加教研的教师在一楼各体育区域自由观摩。

分组讨论：

第一组发言人：我们组观摩了综合运动区的活动，教师提供了轮胎和竹梯两种材料。

材料本身起到了激发幼儿参与兴趣的作用。任何活动中，教师提供的材料都应有激发幼儿参与兴趣的作用。在此次活动中，教师提供了幼儿熟悉的，且有多种玩法的轮胎作为主要材料，幼儿结合自身经验，开展滚轮胎、推轮胎、抬轮胎、走平衡、跳轮胎等活动。教师还提供了竹梯，生活中比较少见，但大班的幼儿曾用过这种材料，幼儿都有一探究竟的心理。

材料间的多种可能更能激发幼儿活动兴趣。教师在提供材料时，既考虑到两种材料各自单独使用的可能性，还考虑到两者可配合使用，给创设运动情境带来了更多可能。中班幼儿使用竹梯的时间较少，但在混龄体育区域活动中看到过大班的幼儿将竹梯搭在轮胎上或人字梯上进行"过小桥"的活动，幼儿很想自己尝试，通过模仿的方式进行运用。

第二组发言人：第二组观摩了多个区域，主要想与大家分享我们在球区看到的场景。教师投放了各类自制纸球，利用打印纸纸箱制作"爱吃蚊子的小青蛙"以及长短不一的草绳。有的幼儿直接将大树的树干当成靶子进行投掷，也有幼儿选择了纸箱进行投掷。他们把"小青蛙"纸箱的盖子打开，竖着套在远离幼儿一侧的箱体，纸箱就张开一个完整的"大嘴巴"，幼儿自己拿起旁边塑料筐内的纸球，投向纸箱。几个幼儿越投走得越近，最后几乎是直接扔在纸箱里了。教师观察到这一现象后，将一根草绳摆在了投掷箱前方的地面，幼儿们看到这根线后，意识到应站到线之后去投掷。教师同时在另一组投掷的前方，用草绳在地面做出一个更远的投掷区。幼儿在两组投掷区间看了看，选择了适合自己的投掷距离。教师通过草绳这种材料，暗示幼儿应站在一定的距离外进行投掷，同时用这样的方式提供了难易程度不同的投掷游戏。

当投掷越来越没有难度后，一部分幼儿兴趣逐步降低，教师引导一组幼儿将挖了嘴巴样式大洞的纸箱盖，竖着套在离幼儿更近一侧的箱体上，俨然是一张饿极了的大嘴巴。幼儿站在草绳后向大嘴巴投掷喂食，准确性要求更高，需手、眼、力度、方向多方配合，才能将纸球投进大嘴巴里。教师通过调整材料的摆放方式，既提供了不同难度的运动挑战，也再次调动了幼儿的参与兴趣。

第三组发言人：我们小组也观摩了综合运动区，教师投放了轮胎和竹梯两种材料。我们主要关注到教师通过材料解除安全隐患。在活动前期，大多数幼儿一开始还是用滚轮胎、追轮胎的方式进行活动，也有幼儿两人一组抬着竹梯在场地上走，他们说在抬"滑竿"。滚轮胎的幼儿满场追跑，就与抬"滑竿"的同伴撞在一起，存在安全隐患。教师通过提问"一般什么地方才会有抬滑竿的人，需要抬滑竿的路一般是什么样的"。幼儿说出一般上坡下坡的山路、弯弯曲曲的景区的路才会有抬滑竿的人。教师适时加入，运用场地边多余的轮胎，与幼儿在综合运动区靠边的地方搭起了或高或低的山路，抬滑竿的孩子们在这条路上玩得乐此不疲。滚轮胎的孩子们看到地上的"山路"，自然就避开了这个区域，避免了两组孩子之间的碰撞。教师通过提问以及材料的运用，及时消除了安全隐患。

我们组建议，还可以通过将两组材料进行串联的形式，来消除活动中存在的安全隐患。

在活动中我们还发现，教师在观察到幼儿追跑轮胎运动量过大时，在场地中用轮胎摆放出若干障碍，引导幼儿走 S 形，幼儿的速度自然就慢了下来，动作更具准确性，运动量得到缓解。教师充分运用材料调节运动量也是很好的支持策略。

第四组发言人：我代表第四组来谈一谈车行区中教师的材料投放和材料的支持。教师提供了三轮车、小推车、各类标志、重量不同的矿泉水桶。幼儿自选不同的车，通过骑行、推动的方式在车行区的通道中进行游戏。推小推车的幼儿推着空车跑了几个来回后，觉得应该装点什么才像搬运工人，于是把教师提供的水桶搬到了自己的小推车上，一开始大部分幼儿只装一桶水在推车上，他们试过之后，觉得还可以再多装一些，于是一辆小推车上装 2~3 个矿泉水桶，很快重物就不够了，幼儿出现了争夺现象。教师发现之后，通过再次投放矿泉水桶，并引导幼儿在之前的水桶里多装一些水，增加重量。他们发现多装了水后，实在是推不动 2~3 桶水了，于是从自己的推车中取出多余的水桶，更多其他的孩子也有重物可以搬运了。

在此次活动中，教师通过增加同种材料和改变材料的重量来调节幼儿之间的冲突，让活动井然有序地进行下去了，体现了教师运用材料的智慧。我们组建议，还可以增加其他重物，如土豆、南瓜、木桩等，使幼儿有更多自主选择的机会。

主持人：大家的观察都有目的地聚焦到了材料上，通过多个区中教师的行为，梳理出以下几个观点：

（1）教师通过材料的提供，激发幼儿参与活动的兴趣。

（2）活动中实时观察幼儿运动情况，通过材料的调整，调节幼儿运动量。

（3）通过调整材料，及时解决活动中的安全隐患或矛盾冲突。

（4）通过调整材料，暗示幼儿游戏规则。

（5）通过材料的调整，满足幼儿的不同需求，提供不同难易程度的挑战，让幼儿更乐意参与活动。

以上几点是通过大家的观察、交流、梳理之后得出的宝贵经验，通过材料支持为幼儿的体育区域自主活动搭建支架，激发幼儿更有兴趣参与活动，更有效地开展体育活动，提高体能，发展各项动作。期待通过此次活动，能为大家以后的体育区域自主活动的材料支持提供参考，同时可在实践中进一步挖掘和完善。

本次教研活动对教师有什么意义？

通过教研活动，提升教师的专业能力。此次教研，教师改变了以往笼统观察并进行研讨的方式，聚焦到细致的一个点，让教师的观察更具目的性，更明确、更细致，交流研讨也更深入，梳理出的经验更具针对性。这样的研讨更能给教师留下深刻的印象。

幼儿园体育区域自主活动是以幼儿为主体的游戏活动，教师更加明确自己是活动的支持者、参与者、合作者。教师应在保证幼儿主导的前提下，利用多种方式进行指导，但不是主导和包办。

认识到在体育区域自主活动中，可利用材料，传递指导意图，发挥教师的支持作用，包括利用材料激发幼儿游戏兴趣；调整材料，暗示游戏规则，调控幼儿的活动量，解决矛盾冲突；通过调整材料，满足不同能力层次幼儿的发展需求。

经验的梳理为以后的同类活动提供借鉴和经验。

（三）教育故事会

每位教师在教育实践中都有很多真实的感受，如收获与喜悦、困惑与失败、无奈与徘徊，这些构成了一个个真实的教育故事。通过教育故事分享，捕捉并提炼课程中的问题及经验。

案例：

顺性而为　引领成长——光佑的转变

案例背景：

光佑是个腼腆的小男孩，由于早产的缘故体质一直比较差，主要由爷爷奶奶看护，老人对他照顾比较细致，穿得比较多，户外锻炼也比较少，平衡能力较差，走起路来有点不稳，因此在平常的体育活动中表现出来感兴趣但又胆小，不敢尝试。

案例描述：

在今天的体育区域自主活动中，幼儿都各自在玩喜欢的材料，部分幼儿自发搭成了平衡木，我注意观察光佑，捕捉到了一系列镜头。

佑佑来到平衡木前，也笑眯眯地看着其他小朋友一个接一个试着过桥。有人通过了，他会鼓掌欢迎；有人不小心掉下了"小桥"，他"哎呀"惊呼或嘿嘿一笑。可轮到他时，他对着我皱眉摇摇头。

我走过去，一边把他牵到"小桥"边，一边对他说："别担心，试试看，掉下来也没关系，不会摔着你，你看那么多小朋友都安全地过去了，佑佑也一定能行的。"

佑佑还是很害怕，徘徊不前。于是我又说："那这样，老师牵着你的手走一次，我保护你，下次你再自己走怎么样？"佑佑终于点了点头。于是，佑佑牵着我的手，终于把右脚踏上了"小桥"，摇摇晃晃中始终有我的保护，他安心多了，看着前方，一步一步地走下去，终于顺利通过了小桥。小朋友们也忍不住为佑佑欢呼起来。他回头看了看小桥，笑得真甜呀！

第二次过"小桥"时，我在他旁边陪着他走，手在空中虚托着他侧平举的手，给他心里一定的安全感，途中只有一次摇晃着差点没站稳，我轻轻托了一下他的手，他又站稳了。

第三次过"小桥"，在前两次的基础上佑佑胆子大了一些，他没要求我陪他。我提醒他：走的时候不要紧张，眼睛看前面，双手侧平举，先走稳，再慢慢加快速度，只见他伸开双臂，慢慢地抬起一只脚踩住平衡木，接着很小心地提起另一只脚，他没有马上走，而是稍稍稳定一下自己的身体和情绪，我站在"小桥"的前方对他招招手，"看准平衡木，手侧平举保持平衡，一步一步走过来，像上次一样，我在这儿接你"，他又一次顺利地过了"小桥"，在我们的掌声中，佑佑露出了喜悦的笑。

以后的练习中，我逐渐不用牵着他的手前进，不用带着他走，佑佑也可以自己独自一人走过"小桥"了，我为他的进步感到由衷的高兴。

案例分析与反思：

爱玩是儿童的天性，每个孩子都是喜欢玩耍的。光佑喜欢参加活动，对体育活动有浓厚的兴趣，但是因为早产，体质一直比较弱，家长对他的照顾和保护比较多，平时户外锻炼也比较少，运动能力比较弱，导致他不敢尝试有挑战性的项目。但是对于这样一个孩子，帮助他体验成功、建立自信是最重要的，所以我采取以下措施：

（1）多给幼儿一些鼓励和赞扬，帮助幼儿建立自信心。幼儿是极易受到暗示的，积极的暗示可以帮助幼儿勇敢地面对挫折和困难，增强自信，鼓励和赞扬就是其中的一种，但是要注意方式。

首先不要把幼儿成败的原因归结为"聪不聪明"等生理、智商上的原因，而应更多地从态度、意志等情商方面去评价。比如，当佑佑表现不是很好时，我会及时地用"这次你很努力，但是我相信你可以表现得再好一点，因为你很坚强，能坚持，加油"等指向性比较模糊的语言来暗示他尽量自己独立完成。

（2）抓住佑佑的"最近发展区"，提出适当的目标和期望。幼儿的发展是循序渐进的，教师在引导幼儿发展时就必须根据幼儿每一个阶段的发展情况制定恰当的目标和措施。正如苏联著名教育家维果茨基所说：教育儿童首先要抓住他的"最近发展区"，对儿童提出的要求要适度，需经过一定的努力或在成人的适当引导下可以实现。

通过平时的观察，我发现佑佑的平衡能力不是太好，在进行体育活动、早操等一些平衡性的动作时，可能都因过度紧张而在练习中出现了摇晃、不稳。不要以对其他幼儿的要求来要求他，对其进行横向比较，在户外活动中，通过其他幼儿在体育活动中表现出兴高采烈的情绪，对他产生潜移默化的作用，使之引起共鸣，让他自己产生想参加体育活动的愿望，再以游戏的方式，来促使佑佑对体育活动更感兴趣。

（3）给孩子提供适当的方法。

在帮助儿童掌握各种平衡能力时，应遵循幼儿的发展规律，由易到难，由慢到快，要让他们有一个逐渐过渡、慢慢适应的过程，并提醒佑佑采用正确的方法，如走的时候不要紧张，眼睛看前面，双手侧平举，先走稳，再慢慢加快速度等。

事实证明，这样做是可行和有效的。对于佑佑那样不敢接受挑战性运动的幼儿，作为老师，需要耐心和等待他们，给予他们心理上一定的安全感；根据他们的具体实际提出要求，不要用一把尺子衡量他们，多给予鼓励和帮助，增强他的自信心，再采取游戏等方式，给幼儿提供方法和技术支持，勇敢踏出第一步，再逐步放手，让幼儿逐步体验成功带来的快乐。

第二节　教育智慧

一、观察记录

体育区域活动个案记录表，如表5-2、表5-3、表5-4所示。

表5-2　体育区域活动个案观察记录表

观察幼儿	王博宇	性别	男
年龄	4岁半	观察时间	20××年××月××日
观察地点	综合运动区	观察者	凌×
观察内容	实地记录		评析
跳下小桥	早上的晨间户外活动时，王博宇和小朋友一起在综合运动区游戏。他一边搬来小桥，一边和旁边的小朋友讨论如何搭建，关系很融洽。可过了一会儿，他忽然把非凡手里的高跷抢了过去，非凡就来告他的状。我很生气，正想叫他还给非凡，可转念一想，不，看看他究竟要干什么。于是，我没有大声指责他，而是走到他身旁，很随意地问："你在干什么呢？"王博宇说："王非凡拿的高跷有点坏了，我想帮她修修。"听了这话，我才恍然大悟，幸好刚才没批评他。我就说："哦，是这样呀，非凡还以为你抢她的高跷呢。你想帮她修高跷很不错，不过这样把她的高跷抢过来好不好呢？"他想了想说："我该跟她说一声，我是帮她修高跷，她拿的高跷绳子松了。"我摸了摸他的头，鼓励他主动向非凡解释了原因，然后为他们提供了工具，两个小家伙自己动手修起高跷来		《3～6岁儿童学习与发展指南》中指出："关注幼儿的感受，保护其自尊心和自信心。""结合实际情境，提醒幼儿注意别人的情绪，了解他们的需要，给予适当的关心和帮助。""幼儿在活动过程中表现出的积极态度和良好行为倾向是终身学习与发展所必需的宝贵品质。要充分尊重和保护幼儿的好奇心和学习兴趣，帮助幼儿逐步养成积极主动、认真专注、不怕困难、敢于探究和尝试、乐于想象和创造等良好学习品质。"

续表

分析建议	引导幼儿及时了解别人的感受，调整自己的行为。幼儿出现不良行为时老师不要武断地批评或否定幼儿的想法和做法，而要及时了解幼儿这种行为背后的原因，保护幼儿的自尊心、自信心，再给予必要的帮助和引导，帮助幼儿形成良好的行为习惯

表 5-3　体育区域活动个案观察记录表

观察幼儿：<u>钟×伟</u>　区域名称：<u>民间游戏区</u>　班级：<u>大一班</u>
观察日期：<u>×月×日</u>　观察教师：<u>赖×</u>

观察内容	观察幼儿在游戏时能否主动参与，在游戏过程中的专注程度、与同伴的合作交流情况、是否达到了锻炼的目的、能否有序收拾器材
活动情况记录	民间体育游戏中，小伟选择玩滚铁环，他非常积极地投入。他认真地玩了一会儿，可是铁环滚不起来，反复几次他似乎失去了信心，于是加入孩子们用铁环来跳圈的队伍中去，轮到他的时候，他不断催促着小伙伴快快交替圈圈，好让他快点跳过去。有的时候那个圈圈放得很远，小伟宁愿自己摔一跤，也不肯让小伙伴放近。这个敦实的小身影在起起伏伏的跳跃中，流着汗，努力着。回到队伍中后，他自顾自地跑到角落中和其他调皮的小男孩嬉笑打闹。兴致一来，就和同伴为自己的队伍加油，没兴致了，就继续打闹。再轮到他的时候，他就没有兴致了
分析评价	幼儿的兴趣是建立在新鲜和有一定成就感的基础上的，小伟缺乏挑战困难的勇气和信心。他喜欢和大家一起玩，能全身心地投入，并且也能不断地提升自己的跳跃能力。后来，他看似厌倦了这样的游戏，是不是游戏对他来说有点简单了，或者是等待的时间比较久的缘故呢？如果是这样，游戏的规则、支架的构建还有改善的空间。应该进行适时的介入和有效的指导，并且在投放材料时提供适宜、适量的材料，为幼儿搭建起经验支架，引导幼儿更好地参与到活动中

表 5-4　体育区域活动个案观察记录表

观察幼儿	刘莉文	性别	女
年龄	5 岁	观察时间	20××年××月××日
观察地点	综合运动区	观察者	谢×
观察内容	实地记录		评析
观察孩子在参与体育区域活动中的情况	我和孩子们商量一起搭建勇敢者道路，最后面的一段路是走轮胎上叠起的梯子，孩子走到梯子尽头跳到软垫上去。刘莉文走在队伍中间，到了梯子比较高的地方就不敢走了，眼看前面的伙伴离自己越来越远，而且后面的小朋友不断催促："刘莉文，你快点走啊，我们落后了！"她急得要哭出来了，两只腿也开始发抖。我急忙走过去鼓励她："刘莉文，你的小腿好像不听使唤了啊！不过我知道你是最勇敢的孩子，你一定能赶上前面的小朋友的。"可是她的脸上还是害怕的表情。我轻轻用手扶着她说："我们一起走几步试试好吗？"她勉强同意了，在我的帮助下她向前走了几步，当我放开手时，她又停止了。我就对后面的小朋友说："我们来给刘莉文加加油吧！"后面的孩子就大声地喊起来："刘莉文，加油！加油！"可她还是没有起色，我就保护着她走完了后面的道路。最后我说："你很棒，这次有老师的帮忙我们走过来了，下一次你可以自己试一试吗？"她点了点头。之后她又回到了起点，重新开始走起来		刘莉文在走梯子的时候，由于梯子本身在摇晃并有一定高度，使她产生了畏惧的心理，再加上前面的伙伴已走出很远，而后面的孩子不断催促，致使她的恐惧感增强。这种情况对幼儿在运动中克服困难的意志发起了挑战，意志比较弱的幼儿往往会放弃任务或游戏来减轻心理负担，而意志较强的幼儿能够克服困难坚持游戏或任务

续表

分析建议	当幼儿犹豫或者打算放弃的时候，教师应该体谅幼儿的心理，尊重幼儿身心发展的规律和缺乏运动经验的实际情况，从幼儿的长远教育出发，循序渐进，不能急于求成，要耐心地进行个别化教育和指导，要用鼓励性的语言来分散其害怕心理，增强完成任务的信心和决心，适当的时候给予肢体上的实际帮助，也可以采用请同伴鼓劲的方法来使幼儿克服困难

二、反思随笔

开小车

为了便于孩子们收拾和整理户外体育区域活动的玩具材料，幼儿园定制了一批底部装有轮子的木箱和木板，投放到综合运动区。没想到，投放的第一天，这些木板木箱就引起了孩子们的浓厚兴趣。活动一开始，大多数孩子都选择了这些木板和箱子，把它们当作小车玩了起来，那些没有"抢"到"车"的小朋友也各自想办法，或轮流、或分组，加入了玩车活动。他们有的坐在木板上，用脚蹬地往前开，有的趴在木板上，用手撑地向前滑，有的几人一组，坐在木箱里，被另一组小朋友推着或拉着往前跑，孩子们在操场上玩得开心极了，不一会

儿，头上就冒出了汗。看着他们在操场中"横冲直撞"，满头大汗，我既担心发生碰撞不安全，也担心孩子们的运动量太大。于是我提醒他们："请大家注意控制车速，注意安全，小心碰撞，出汗的小朋友休息一会儿。"可是孩子们玩兴正浓，根本听不进我

的提示，依然在操场上玩得乐此不疲。看到这个情形，我想，用语言提示没有效果，

何不用材料来给孩子们设置一些障碍，设定一些情境，让材料来"提示"和"指挥"他们呢？于是，我找来几个拱形门放在操场上，几个孩子发现了，率先开车钻了过去，随后更多的孩子发现并参与了进来，很快，他们用人行梯、竹竿、长凳、木墩、大型玩具等搭建了山洞、树林、S形的弯道、加油站等，玩起了车队的游戏。游戏中，孩子们沿着车道走，避免了相互碰撞，在钻山洞、走弯道、穿树林的过程中自然放慢了速度，到加油站加油休息，快慢交替、动静交替。因为提供了材料和设置的情节，孩子们自觉调整了活动量，活动的兴致更高了，活动也变得有序了。在户外体育区域活动中，孩子们对新材料或喜欢的游戏往往会玩得过度兴奋，不太能控制自己的行为，这可能会存在一些如活动量大、发生碰撞等安全隐患。老师单纯的语言提示有时达不到预期的效果，强制性的命令又可能约束和控制幼儿，可以通过材料来指导和影响幼儿，利用材料来传达教师的指导意图，在尊重、顺应幼儿的基础上，让材料潜移默化地规范和影响幼儿的行为，满足幼儿活动和安全的需要。

（本案例获宜宾市翠屏区第三届项目研修个人成果一等奖）

体育材料撑起幼儿智慧的天空

《幼儿园教育指导纲要（试行）》指出："幼儿园应为幼儿提供健康、丰富的生活和活动环境，满足他们多方面发展的需要，使他们在快乐的童年生活中获得有益于身心发展的经验。"

孩子们大部分时间都是在幼儿园度过的，因此幼儿园户外体育活动是一项重要的活动之一。我园特别注重对孩子进行良好身体素质的培养，为培养身心健全的幼儿，合理安排幼儿在园的活动，保证每天两小时的户外活动时间。早上幼儿们都来园后只要是不下雨都会组织到户外进行体育游戏及体育技能的锻炼，我们为幼儿搭建环境支架，提供形式多样的户外场地，投放的活动材料也是丰富多样、操作性强，大大激起了幼儿的参与兴趣。上午一个集体教学活动后便是户外体育区域游戏，下午幼儿吃过点心，一个室内游戏后，又是户外体育区域游戏，当排队的信号响起，幼儿就兴奋起来，他们的积极性很高。每次带幼儿来到不同的区域，我会让幼儿先参观，然后说说有哪些器材，再讲讲在玩的时候应该怎样注意安全，玩完后该怎样收拾等常规问题。当教师发出口令后，幼儿便有序地各自选择自己喜欢的材料进行游戏，有的幼儿抬起梯子、有的扛起木板、有的端来木凳，三个一群五个一伙热闹地进行着游戏，玩得不亦乐乎。在游戏中幼儿会互相帮助、共同想办法、出主意，怎样才能搭建更好玩的，怎样才能让搭建的材料安全、牢固，他们是试试确定牢固了再让大家玩，孩子们小小的举动深深地感动了我。游戏中的幼儿最自然、最本真、最可爱。

刘延杰小朋友拿着呼啦圈不是放在腰上转动，而是在地上边跑边滚，于是我走过去问："你的呼啦圈是怎么玩的呢？"他回答："它就像一个圆的大车轮，还可以滚动。"另外有几个小朋友把两三个呼啦圈并排放在地上，学起小兔子，他们在练习连续跳的技能，涵涵和希希两个人则是钻进呼啦圈里面玩起开车游戏等，每个幼儿的想法都是与众不同的，也是千变万化的，孩子们能在游戏中找到快乐，同时让身体得到锻炼，促进身心和谐地发展。

一种材料有着多种玩法，不同的材料更是有着千万种的玩法，孩子的智慧是无穷无尽的，让我们为幼儿搭建支架、提供指导，开启幼儿智慧的大门，引领幼儿健康成长！

不要给孩子贴上标签

夏浩洋是我们班一个很调皮的男孩。在体育区域活动中有时追逐打闹的有他、抢别的小朋友东西的有他、活动时不遵守规则的有他，让老师十分头疼。课下每和搭档的教师谈起他时，教师也是一脸的无奈。也许在不经意间，我们都给他贴上了一个标签：调皮孩子。

一次体育区域活动时，孩子们都开心地玩着各种游戏。突然，班上的吴墨萱哭了起来。我吓了一跳，急忙跑过去。只见萱萱蹲在地上一个劲儿地抹眼泪，而夏浩洋却刚好"陪"在她的旁边。又是这小子，我仿佛已经看到了事实的真相：一定是夏浩洋又抢了萱萱的玩具吧！

我抱起萱萱，安慰她……都来不及问一下情况就批评起了夏浩洋："你怎么又拿小朋友的玩具呀？老师不是告诉过你吗，要和小朋友友好相处！"连珠炮似的批评落到了夏浩洋的头上。只见他低着头没有说话，怀里的小萱萱却说话了："不是夏浩洋抢我的玩具，是李霖宸拿的。"

我一下子懵了，这时小萱萱又说道："夏浩洋正要给我抢回来呢！"

也许我不急着去批评，而是问明情况，这样的事可能就不会发生了。看到夏浩洋低垂的脑袋，我的心也突然很疼。给孩子贴上一个标签，不用发展的眼光去看待孩子，也就伤害了一个孩子幼小的心灵。我及时进行了诊断和反思，知道我做错了，就对夏浩洋说："老师错怪小浩洋了，老师给你赔礼道歉，对不起！今天小浩洋的表现真好，老师表扬你！"听到老师这样说，小浩洋又开心起来，跑出去开心地玩起来了。

不要给孩子贴上标签，用发展的眼光来看待孩子吧！相信他们一定可以健康快乐地成长。

大家一起玩

今天是我们班小朋友第一次玩体育区域游戏，大家都特别兴奋。

孩子们对户外游戏非常喜欢，而对于可以自己选择不同的材料进行游戏的综合游戏区更是喜欢。活动一开始，大家都迫不及待地跑向了材料区，争先恐后地选择自己喜欢的材料。

雨嘉动作最快，选择了两个大的塑料积木，怕别人拿走，干脆就坐在了上面；欣怡抢到了一个小梯子，也是一个人把着……

我环视四周，发现这真是令我吃惊的一幕：孩子们每个人手里都拿着一块大型的积木，他们都死命保护好自己的积木，不肯拿出来一起玩游戏。他们宁愿自己只玩自己的那一块积木，也没有人愿意和别的伙伴一起合作玩。活动进行不下去了……

眼看孩子们都只顾护着自己的积木，我干脆让他们坐在自己拿到的积木上，聚在我的周围，听我给他们讲了一个《小羊和狼》的故事：小羊在河边喝水的时候，得罪了老狼，老狼说晚上要去吃它。小羊一个人觉得很害怕，不知道该怎么办，森林里的小动物们都跑来帮助他，最后依靠集体的智慧共同战胜了老狼。故事讲完了，我问他们："你们觉得小羊、小猫、小狗……这些小动物如果自己一个人的话，能够战胜老狼吗？"大家都给了我否定的答案。"那为什么他们能战胜老狼呢？""因为他们大家共同想办法，一起团结协作……"孩子们七嘴八舌地议论了起来，等他们议论得差不多了，我对他们说："我还有一个故事要讲给你们听！"他们很好奇地安静下来，我又开始讲了起来："从前，在鲁家园幼儿园有个中二班，有一天，老师让班上的小朋友一起玩游戏，可是他们每个小朋友只保护好自己的玩具，不把玩具拿出来和大家一起合作，结果，谁也玩不了游戏……"我偷偷看孩子们的表情，有的偷笑，有的觉得不好意思，还有的干脆低下了头……

户外体育区域自主活动为幼儿提供了自由交往和游戏的机会，幼儿能够自主选择、自由结伴开展活动。在户外体育区域自主活动中，幼儿的发展是多元的，指向了幼儿的动作发展、情感态度、人际交往、探索认知、规则习惯等多个方面。因此，幼儿在活动中如何与同伴交往交流，如何在交往中学习互助、合作与分享等都应该是教师关注的问题，教师应引导幼儿与同伴积极合作交流，发展其社会交往能力。

民间体育游戏——跳竹竿

我园地处宜宾，周边竹资源丰富，游戏材料——"小小竹竿"对于孩子们来说并不陌生，可以就地取材。同时，我国是一个历史悠久、拥有灿烂文化的国家，具有丰富多彩的文化艺术资源，中华民族又是一个有着深厚文化底蕴的民族，各个地方都有不同的民风民俗，有必要通过适当的途径让我们的孩子了解一些民族传统习俗，甚至可以使这种古老的民族传统习俗在孩子的心中扎根、传承、发扬光大。

于是"玩竹竿"进入了我们的体育区域活动，孩子们从"探索竹竿的多种玩法"到学习"跳竹竿"，通过"学习""尝试""探讨"跳竹竿方法，使学习由简单逐步到复杂，不断激发孩子的学习兴趣，向新的目标挑战。该游戏不仅能锻炼身体，愉悦身心，更能增强同伴之间的协调、合作、交往能力。

自主探索：培养幼儿的自主学习和探究能力，同时让幼儿在观察、交流中得到技能的互补。孩子利用竹竿玩"骑马"变双圆—变小圆—合作组合"坐马车"体现了动静交替的原则，让幼儿初步尝试了与同伴合作的快乐，同时为下一个环节奠定了基础。

自主合作：培养幼儿认真观察、团结协作的精神，体验跳竹竿的乐趣；养成合作互助，竞争进取、勇于挑战的良好品质。先鼓励幼儿利用竹竿进行"一物多玩"，再鼓励幼儿与同伴合作，并积极推广 5~8 人结伴游戏。

教师引导：运用尝试教学法，教师不示范游戏玩法及规则，而是引导幼儿去自主探索（敲击"竹竿"的两人如何合作？中间跳的人如何跳？如果跳的过程中发现了一些情况怎么办？），从而通过尝试、发现—再尝试、再发现，形成师生互动、生生互动的不断调整的过程，师生双方共同提升经验。最后通过师生共同表演"跳竹竿"，掀起活动高潮，突出了师生双主体的地位。

这次活动主要是通过教师引导幼儿自由探索玩"跳竹竿"游戏，培养幼儿弹跳能力。在心育方面提出了两点目标：想办法解决活动中遇到的困难；体验与同伴合作游戏带来的成功和快乐。在整个活动过程中，将幼儿心育目标的培养放在了一定的高度，如始终鼓励幼儿与同伴合作，有了困难引导幼儿去主动解决等。但仅靠这一活动是远远不够的，还需要在日常的教学活动中坚持渗透，使幼儿的心理品质得以良好、健康地发展。这个活动利用最简单的竹竿，进行民间游戏"跳竹竿"，满足了幼儿喜爱玩民间游戏的心理，培养了幼儿的弹跳、节奏能力。大班幼儿在与同伴交往、合作方面有积极的愿望，教师及时提供这次机会，鼓励幼儿相互合作，共同解决遇到的困难，共同体验获得的欢乐。

别让"好意"限制孩子

体育区域活动时，几个男孩正在攀登架前跃跃欲试，但试了几次都未成功。我正想着是否给予帮助，高高的攀登架上忽然出现了一个灵巧的身影，我本能地大叫起来："好好，小心点！"好好的笑容立刻僵住了，停在那里无所适从。而后他缓缓地垂下头，身体慢慢地往下挪，目光中流露出一丝恐慌："老师，我错了。"好好的声音怯怯的。"你哪儿错了？"好好的紧张让我有点莫名其妙。好好不敢直视我，小声地说："我不该上攀登架，我不该，我……"好好受惊的样子让我回想起一幕又一幕的情境：当伟伟兴高采烈地尝试新发明的游戏时，我总是替他捏一把汗："伟伟别玩危险游戏！"当瑞瑞登梯爬高时，我总是一脸的紧张："瑞瑞，不许！"当雯雯在水池里探索物体的沉浮时，我总是对他说："小心，休息一会儿。"……为了孩子的安全，我总是"好意"地限制他们做一些他们喜欢做的事。今天，我的"好意"显然阻碍了好好的尝试，使他失去了一次挑战自我的机会。

我的"好意"是在保护孩子的安全还是在限制孩子的发展？带着反省和内疚，我紧紧地抱住了好好："你是个勇敢的孩子，老师相信你能爬得很高，但胆大还要心细，不要紧张，去玩吧！"轻柔的话语消去了好好僵硬的表情，紧紧地拥抱消除了他的胆怯与戒心。"加油！加油！"孩子们在我的带动下为好好拍手助威。在大家的鼓励声中，好好十分敏捷，稳稳当当地到达攀登架顶部，他自豪地向我们挥手，脸上洋溢着自信。

好好快乐的神情让我明白了一个道理：教师不能简单地以"小心点""别这样"去表达自己的"好意"，否则会给孩子带来不安和压力，影响孩子的自主发展。比较合适的做法是教师既鼓励孩子大胆尝试，又暗中关注，适时支持，让孩子体会到自主探索、成长的快乐。

三、教育故事

鼓足勇气，战胜自己

案例背景：

5 岁的王一凡是一个非常可爱的女孩子。她认真好学，记忆力好，懂礼貌，团结朋友，喜欢安静的游戏，如看书、唱歌、画画、和朋友玩角色扮演游戏等。可是与同龄孩子相比，她的个子稍微要矮一些，协调能力也稍微差一点；和那些喜欢跳喜欢蹦的男孩子比，她真是一个安静和让人省心的孩子。也正是因为这样，她在体育活动中就显出和同龄孩子有一定的差距。

案例描述：

今天的户外活动是"摘果子"。活动场上悬挂了高矮不一的各种各样的果子：苹果、香蕉、草莓、梨子……

涵涵和雨雨跳得可真高啊，顺利地摘到了果子。王一凡也排在了他们这路纵队。轮到王一凡了，她把手举起来，还差一大截呢！她原地向上跳了起来，手离果子还有20 厘米左右。她又试了几次，跳得都不高，根本摘不到果子。我走过去说："凡凡，老师有两种跳法，你看哪种跳得高？"我示范了两种方法：①不屈膝直接原地向上跳；

②先屈膝再借助弹力原地向上跳。她看了之后，告诉我第二种方法跳得更高。我又接着说："可是凡凡刚才是用第一种方法跳的呢！你现在来试试第二种方法。"我和她一起原地练起了屈膝的动作。这一次她跳起来了，还差 10 多厘米。她继续尝试，一次比一次跳得高。可是她始终够不到那个苹果，嘴里反复说着："摘不到呀！"于是，我把几个香

蕉又悄悄放矮了一点。但她没有注意到矮的香蕉，目标仍然是高处的苹果。是她没注

意到低处的香蕉，还是她就喜欢苹果呢？我又悄悄把其他水果藏在矮的香蕉附近。

"凡凡，你最喜欢哪种水果？""我想摘苹果，可是苹果太高了。"果然不出我所料。"有可能苹果和我们捉迷藏呢！我们一起来找一找，看矮的地方藏了苹果没有？"

她走到挂的矮一些的香蕉底下，仔细地找起来，好不容易找到，急忙伸手去够，可是够不到。她原地屈膝一下子蹬地而起，我又偷偷降了一点高度，用手给她比画了一下位置说：就只差那么一点点了，再试试，马上就能摘到了！王一凡也来了精神，尝试两次之后，终于顺利摘下了那个她心仪的苹果，高兴地拿着苹果原地跳啊跳，边跳边喊："我终于摘到了！我终于摘到了！"

案例分析与反思：

看到王一凡的高兴劲，我在为她高兴的同时也在不断提醒自己：王一凡的身体条件和兴趣爱好在"摘果子"活动中都不占优势，因此不能让她与能力最强、个子最高的孩子摘同一高度的果子，这是在强求。作为教师，要充分理解和尊重幼儿发展进程中的个别差异，支持和引导他们从原有水平向更高水平发展，按照自身的速度和方式到达《3~6岁儿童学习与发展指南》所呈现的发展"阶梯"，切忌用一把"尺子"衡量所有幼儿。每个幼儿在沿着相似进程发展的过程中，各自的发展速度和到达某一水平的时间不完全相同。所以，在我们不断鼓励和耐心等待的同时，还要针对不同层次能力的幼儿投放难易程度不同的材料，提不同水平的要求，建立对幼儿发展的合理期望，找到他们各自的"最近发展区"，让幼儿在通过一定努力后能达到目标，获得成功的喜悦，同时培养了幼儿的兴趣，增强幼儿的自信，让幼儿度过快乐而有意义的童年。

教师参与，一物多玩

案例背景：

为了促进幼儿身心全面和谐的发展，结合幼儿园健康特色教学，自2013年起，我们进行了"幼儿园体育区域活动的实践研究"的课题。第一学期，我们对体育区域活动的材料投放进行了研究。当下，研究的重心放到了体育区域活动中教师的观察和指导策略。幼儿园各班级开展深入的研究，展现了许许多多促进幼儿健康发展的活动，也呈现出一些值得我们去探究、去深思的案例。

案例描述：

对于球，幼儿从小就在玩，除了孩子们熟悉的踢、拍、滚球以外，似乎没有什么特别的玩法。

在一次体育区域活动中，我带领中班的孩子们在球区进行活动。活动开始的几分钟，孩子们还拍拍球，也有小朋友抱着球跑来跑去，一不小心还碰到了正在玩其他游戏的小朋友。

见此情景，我叫来了配班老师，我们俩背靠着背，手挽着手，把一个皮球放到背上夹住，玩起了夹球运球的游戏。一边玩还一边对小朋友们说："有没有谁能不用手拿，这样夹着球和老师比一比的，看谁先把球运到对面操场。"孩子们听了，一下就来幼儿了，兴奋地嚷嚷："老师，我要来，我要来。"于是，各自都去找自己的小伙伴学着老师的样子，背靠着背，手挽着手，我们帮助他们把球夹在背上，然后和孩子们一起玩起了游戏。几次游戏下来，还真有些小朋友玩得不错，稳稳地把球运到终点不会掉下来。也有的幼儿因为两人配合不好，球老是掉，但是他们依然玩得很开心。此后，我们又商量出另外一种两人运球的方法，两人面对面胸靠胸，把球夹在胸前运送球，孩子们同样玩得不亦乐乎。开心游戏，锻炼身体，和谐发展。

案例分析与反思：

在这个案例中，在发现幼儿没有兴趣，不知如何玩后，教师参与了幼儿的游戏，使孩子游戏的积极性和情绪一下子高涨起来，教师的榜样作用和有效的师幼互动能够激发幼儿的活动激情。在体育区域活动中我们进行了合作与对抗等形式的交换，这能对幼儿的心理成长起到促进作用。教师也在游戏中体验到了孩子们的快乐，为走进幼儿、真正了解孩子提供了有利条件。运用动作示范和语言指导相结合的形式能使幼儿掌握规则和各种技能。在教师边说边做的同时，幼儿运用到了具体形象思维和语言思维相互结合的方式来理解，不仅锻炼了幼儿游戏的能力，也锻炼了幼儿的思维能力。同时，在与幼儿平等交流中，开发出许多"玩法"，一物多玩，促进了幼儿创新能力的发展，同时使幼儿的兴趣得到保持。

所以，在体育区域活动中，采用"教师参与，共同开发"的策略来指导孩子的活动，从不同的角度培养了幼儿的创新思维和运动能力，同时增强了体育区域活动的趣味性。

快乐骑行

案例背景：

在我园开展体育区域活动的大背景下，特别是为了更好地促进幼儿发展腿部肌肉力量以及培养身体的平衡能力和协调能力，根据幼儿的年龄特点在车行区提供了小自行车、手推车、踏板车等。材料的合理投放充分满足了幼儿自由运动、自由结伴、大胆探索创新、体验体育运动带来的乐趣的需要，也为教师在活动中观察幼儿活动状况的基础上更好地提供适当的介入与指导，激发幼儿对体育活动的兴趣。

案例描述：

浩洋是一个非常喜欢户外活动的小朋友，每一次的户外活动不管做什么他都非常开心，尤其喜欢车行区。只要是老师说体育活动自行选择自己喜欢的，他就会来到车行区选一辆小三轮车一个人高兴地骑车，刚开始一个人骑着，到后来就是后面搭着几个小朋友了，一边骑着嘴里还一边念着：诶，我的车来了，车来了，快让开，不然会撞到你们的哈。骑车转了几圈后，他对着后面的小朋友说到站了，你们付钱给我吧。假装收了钱后，又去搭另一波小客人了。最开始的时候我没在意，可是几次下来后，我发现每一次玩这个车行区的时候，他不仅嘴里边念着这样的嘱咐语，还一个人说着红灯了，然后他就停下车，过一会儿就是绿灯了继续骑小车向前行驶，有的时候还会骑到我前面，对我说：老师你看我骑得好不好啊？而且在看到其他小朋友在骑车的时候有不对的地方，还会主动说，"错了，不是那样的。"还主动当起了小老师教别的小朋友骑车。

案例分析与反思：

首先通过几次体育区域车行区的活动观察，发现浩洋小朋友的身体平衡以及协调能力非常好，每一次的活动，腿部肌肉力量都得到了很好的发展。其次通过了解，知道了浩洋小朋友为什么那么喜欢车行区，他每一次上街都会听到三轮车叔叔大声吆喝，他觉得很好玩，也想像三轮车叔叔那样一边吆喝一边搭客人，忍不住想去模仿，活动中出现的所有表现都是幼儿对成人的一种模仿。这个年龄段正是幼儿模仿能力最强的时候，这也让我不得不重视自己的一言一行，教师的指导非常重要，有的时候需要通过一定的指导培养幼儿的各方面能力。

树立自信　勇敢迈出第一步

案例背景：

每个孩子都是独立的个体，他们来自不同的家庭，在不同的家庭环境下成长。宣宣的爸爸妈妈在外地工作，一直与爷爷奶奶生活在一起，爷爷奶奶的过分溺爱，致使宣宣性格内向、胆小、愿意但不太敢参加有挑战性的新游戏。下面我将与大家分享宣宣在一次户外游戏活动中的表现。

案例描述：

今天的户外游戏是组织幼儿到户外活动场地自由活动，让幼儿自由结伴、自主选择游戏材料，大部分幼儿已被新做的爬网吸引了过去并迅速地爬上了爬网。宣宣来到爬网前，看着小伙伴们欢呼雀跃地爬上爬下，自己的双脚却迟迟未能迈向爬网。见此情形，我便上前蹲在宣宣跟前抚摸着她的小脑袋，问道：宣宣，这是怎么回事呀？你看小伙伴们都爬上去玩，你怎么不去玩呢？这时，宣宣支吾着回答："我怕！"

我把宣宣牵到爬网前对她说："宣宣不要怕，有老师在这儿陪着你不会有危险的。"在老师的鼓励和帮助下，宣宣试着用小脚搭在了爬网上，当宣宣爬到了爬网的中间时，我的手扶不着宣宣的胳膊了，这让宣宣顿时失去了安全感，小宣宣停下了，我便扶着宣宣的胳膊让宣宣俯下身体双手抓住网绳慢慢地向上爬，宣宣眼泪哗哗地直往下流，我继续鼓励宣宣用已有的经验往前爬，旁边的小伙伴也都爬到了宣宣的旁边给宣宣加油打气！（师：宣宣不要怕，老师和小朋友都在你身边，我们会保护你的。宣宣加油，你一定行的，你是一个勇敢的男子汉，你一定可以的。）宣宣含着眼泪，鼓足勇气，在老师和小朋友的鼓励下艰难地爬过了爬网。

游戏结束后，我对宣宣在活动中表现出的勇敢给予了赞扬和肯定，宣宣有了一定自信。在宣宣获得自信的同时让宣宣再次尝试，这次爬上爬网的宣宣虽然还有点胆怯，但已不是那个不敢迈向爬网，甚至因害怕要哭鼻子的宣宣了，甚至能看见宣宣在爬网上的笑脸。通过不断获得经验，现在的宣宣已能在爬网上和小伙伴们打成一片，有时还和小伙伴们进行爬网比赛。

案例分析与反思：

游戏是幼儿最喜欢的活动，也是幼儿园对幼儿实施教育的主要形式。游戏的特征在于它一方面服务于教育目的，另一方面又使幼儿得到满足和快乐。在游戏中，教师是观察者、发现者、引导者，幼儿是参与者，他们在积极的互动中互相影响。通过游戏幼儿能积累大量经验，提高创造思维能力和解决问题的能力；通过游戏，幼儿能克服消极情绪，保持积极乐观向上的态度。

通过观察和指导，我发现，宣宣小朋友能力偏上，只不过是家长的溺爱，没能让幼儿得到更多的锻炼。宣宣对于自己没有尝试过的事情很胆怯，不敢尝试，所以需要在活动中对其进行个别的指导，针对她的问题，一定要进行鼓励，无论是语言的、眼神的、动作的，还是教师的示范和同伴的榜样作用，都能给予她尝试的勇气，给予正确指导，给她加油，直到她成功。当她成功后，及时给予肯定和鼓励，同时进行正面评价，让她在下一次活动中克服心理和技术上的困难，增强其自信心。

教师要从激发幼儿的兴趣入手，把握幼儿的身心发展规律和年龄特点，尊重和理解幼儿的个体差异，因材施教，勇于创新，注重培养幼儿的创新意识、综合能力和积极向上的情操，才能适应素质教育的需要，促进幼儿的全面发展。

高高的桥

案例背景：

户外体育区域游戏是户外游戏的一种，它是根据幼儿园环境，因地制宜地把各种不同的场地创设成不同的运动区域，投放不同的材料，让幼儿在良好的体育环境中能充分地自由结伴、自选内容、自主活动的体育活动形式。我园在《幼儿园教育指导纲要（试行）》《3~6岁儿童学习与发展指南》的引领下进行了体育区域活动的研究，秉承"以幼儿发展为本"的理念，把体育游戏的主动权交给了幼儿，让幼儿在良好的体育区域活动环境中自主构建对运动的态度、技能、知识、情感等，使幼儿获得有效的锻炼和发展，促进幼儿的健康成长。

案例描述：

今天的体育区域活动是孩子们喜欢的综合运动区。活动一开始，大家就结伴奔向了材料区，选择自己喜欢的材料。

钦柯和文博锁定了木制的材料，钦柯选择了很多正方形的木块作为承重的桥墩，而文博搬来了一个木梯，准备搭建成一座小桥。开始他们用了一层的正方形木块，搭上了木梯后走上去试了试觉得有点矮，不具备挑战性，于是他俩又去找来了一些大小相同的正方形木块，搭高了一层。文博仍然觉得不够高，发动钦柯再次去寻找，可是正方形的木块已经被拿完了。钦柯在木块前发着呆，我有点忍不住了，走过去想提醒他去和别的小朋友商量一下，换取一些方形木块，但看着他专注的样子，我禁不住想等等看，他想如何解决这个问题。

钦柯朝着材料筐看了半天，终于招呼文博动手了："文博，你看，这里剩下的都是一样大的三角形，我们可以把两个三角形拼在一起就正好变成一个正方形了呢！这样就可以用来当我们的桥墩了！"文博听了兴奋地和他一起搬了很多三角形的木块，一起将桥墩垒到了三层高度，终于满意地将木梯放了上去，小心翼翼地开始了他们的高难度挑战。

案例分析与反思：

在这个案例中，正是因为有了教师的等待和倾听，才有了孩子更好地发展。

《3～6岁儿童学习与发展指南》中指出："幼儿的学习是以直接经验为基础，在游戏和日常生活中进行的。""最大限度地支持和满足幼儿通过直接感知、实际操作和亲身体验获取经验的需要。"在幼儿园里，游戏既是幼儿的主要任务，也是幼儿学习活动的形式，他们是通过直接感知、实际操作和亲身体验来获得经验的。

意大利瑞吉欧教育家马拉古方齐说过："站在旁边等一会儿，给孩子留出学习的空间，仔细地观察幼儿在做什么，然后，假如你了解的足够多，你的教法也许与从前大不相同。"① 然而在工作中，"等待幼儿"却常常被我们忽视，我们总是来不及等待幼儿思考，就急不可耐地把自己已知的答案告诉孩子，让他们失去了主动发展的机会。

孩子的体验是不能代替的。作为教师，要学会退后，要理解幼儿的学习方式和特点，给孩子体验、操作的机会，让孩子通过直接感知、实际操作和亲身体验去获取有益的经验。

"手"推车

案例背景：

为了贯彻《3~6岁儿童学习与发展指南》精神，促进幼儿身心全面和谐发展，结合幼儿园健康特色教学，我们进行了"体育区域活动实践的园本课程构建"的探究。幼儿园依据材料特点分五个区域进行了体育器材投放，孩子们在这些区域中发生了很多值得我们思考的故事。

案例描述：

今天我们班开展了综合区的体育区域活动，活动一开始孩子们就奔向自己心仪的玩具，有的将拱形门拿出，玩钻爬游戏，有的则将大型塑料玩具拼起来玩爬山、过桥游戏。这时，亲澳小朋友引起了我的注意，只见他将红色凳子翻转坐在上面，欣冉则从后面推着他走，他们玩起了"手"推车游戏。这时阿祖跑了过去，似乎也想加入，可是结果却不理想。阿祖看着他们远去的背影，一个人呆呆地站在那里。见状，我走过去了问他："怎么了？""我想和他们一起玩。他们不让我参加！"于是我安慰道："车太小了，可能不太适合三个人玩，要不你自己想想办法，另外找个好朋友陪你一

---

① ［美］卡洛琳·爱德华兹 莱拉·甘第尼 乔治.《儿童的一百种语言 转型时期的瑞吉欧·艾米莉亚经验》[M].福尔曼编著，尹坚勤、王坚红，沈尹婧，译.南京师范大学出版社，2014.3

起玩"，他并没有立刻回答，而是向四周看了看，突然他眼睛一亮。我知道他已经有了自己的想法，于是我走到了一旁去观察他。只见他将几块玩具搭成了一辆更大的车，我见状走过去对他说了句："真棒！"于是他高兴地玩起了手推车游戏。过了一会儿，似乎觉着一个人玩太无聊了，于是他找来了自己的好朋友晨晨、睿睿，他让晨晨坐到了他的爱车上，使足了劲往前开，虽然要使很大的劲，推起来也不那么利索，但是他脸上的笑容告诉我，他是快乐的。

案例分析与反思：

孩子天生就好奇，特别是对新鲜新奇的东西。以前孩子们玩大型塑料玩具时，大多都是拼成一个大的整体。大家一起玩，很少有小朋友单独构思，拆开来玩，这次亲澳和欣冉就创新了一个玩法。阿祖平时就特别喜欢"车"，看到了他们的"车"，他肯定也想参与，这时老师的适当鼓励、启发帮助他重拾了自尊心，激发了他想出新的玩法。

在活动中，虽然孩子身体机能的发展很重要，但我们不能忽视孩子的内心发展，我们的目标就是帮助孩子们健康快乐地成长！

"搬家"路上的障碍

在区教师培训中心组织的全员培训中，有幸听到教工幼儿园一位老师上的与主题结合起来的体育区域活动"小蚂蚁搬家"课。听完后感触很多，与我园正在进行的"体育区域活动实践研究"相吻合。于是，回到班级后就组织孩子们在综合区开展了一个主题性的体育区域活动"小蚂蚁搬家"。

孩子们都兴高采烈地玩着。最后面的一段路是走轮胎上叠起的梯子，走到梯子尽头跳到软垫上去。罗淑筠（小名丫丫）小朋友走在队伍中间，到了梯子比较高的地方就不敢走了，眼看前面的伙伴离自己越来越远，而且后面的小朋友也不断催促："丫丫，你快点走啊，我们落后了！"她急得要哭出来，两条腿也开始发抖。见此情景，我急忙走过去鼓励她："丫丫，你的小腿好像不听使唤了啊！不过我知道你是最勇敢的孩子，你一定能赶上前面的小朋友的。"可是她的脸上还是害怕的表情。我轻轻用手扶着她说："我们一起走几步试试好吗？"她勉强同意了，在我的帮助下她向前走了几步，当我放开手时，她又停止了。我就对后面的小朋友说："我们来给丫丫加加油吧！"后面的孩子就大声地喊起来："丫丫，加油！加油！"可她还是没有起色，我就保护着她走完了后面的道路。最后我说："你很棒，这次有老师的帮忙我们走过来了，下一次你可以自己试一试吗？"她点了点头。之后她又回到了起点，重新开始走起来。

分析：丫丫小朋友在第一次走梯子的时候，由于梯子本身在摇晃并有一定高度，使她产生了畏惧的心理，再加上前面的伙伴已走出很远，而后面的孩子不断催促，致使她的恐惧感增强。这种情况对幼儿在运动中克服困难的意志发起了挑战，意志比较弱的幼儿往往会放弃任务或游戏来减轻心理负担，而意志较强的幼儿能够克服困难坚持游戏或任务。当幼儿犹豫或者打算放弃的时候，教师应该体谅幼儿的心理，尊重幼儿身心发展的规律和缺乏运动经验的实际情况，从幼儿的长远教育出发，循序渐进，不能急于求成，要耐心地进行个别化教育和指导，要用鼓励性的语言来分散她的害怕心理，增强完成任务的信心和决心，适当的时候给予肢体上的实际帮助，也可以采用请同伴鼓劲的方法来让其克服困难。

第二次，丫丫又在相同的地方停下了脚步，同样的情景又一次发生了。这一次我没有去扶她，只是轻轻地说："试试，刚才我们不是已经走过去了吗？我相信丫丫是一个勇敢的孩子"。她伸出了脚，小心翼翼地往前走，而后边的小朋友又在我的带领下给她鼓劲。终于，她颤颤巍巍走完了最后的道路，完成了一次"搬家"。我鼓励她再来一次，小朋友们高昂的兴致也感染着她。

分析：有了第一次"帮扶"下的成功体验，幼儿也积累了活动的经验，对幼儿来说"最近发展区"又向前发展了一步，因此也能"颤颤巍巍"地走完最后的道路。

第三次，她只是稍微停了一下就勇敢地向前走去。此后，她就能自信地走了，和小朋友们开心而且自信地玩了起来。

分析：幼儿的发展是一个持续渐进的过程，同时表现出一定的阶段性特征，每个幼儿在沿着相似进程发展过程中，各自的发展速度和到达某一水平的时间不完全相同。在体育区域活动中，更要充分理解和尊重幼儿发展过程中的个别差异，运用好"个别指导"的策略，支持和引导他们以原有水平向更高水平发展，按照自身的速度和方式到达《3~6岁儿童学习与发展指南》所呈现的发展"阶梯"。

孩子不喜欢参加活动怎么办

案例背景：

我园开展"幼儿园体育区域活动的园本课程构建"课题研究已经一期多了，现设有纸布类区、民间游戏区、综合区、车行区、球区五个区。目前正处在以个别、小组为主要活动形式，在同龄同班开展体育区域活动阶段。

案例描述：

近段时间孩子们一直在综合区玩，里面投放了爬竹梯、平衡木、球、圈、绳、

棒、箱子、轮胎、人字竹梯和长条木板等材料，孩子们自愿选择材料组合，根据自己的兴趣和能力进行游戏。今天又是一周一次的户外自主时间了，孩子们激动地三三两两组合结伴取放玩具材料，商量搭建，忙得不可开交，只有雷雷小朋友不参与活动。我走过去，对他说："雷雷你看他们玩得多高兴啊，你也去玩吧。"雷雷说："不想玩。""去嘛，你看今天有那么多新材料，看看你喜欢什

么……"无论我怎么劝说他就是不去，而是在旁边当起了观众，后来干脆在垫子上睡着了。

案例分析与反思：

每个孩子有自己的兴趣爱好，也许他对今天的活动就是不感兴趣，或许有其他的心思，老师没有必要强制要求他。可以多观察一两次后再进行适时适宜的指导。

我很庆幸自己没有因为一时冲动而阻止小朋友的自主探索活动。我们觉得在科学探索性的区域中，应该多些自主，少些束缚。旧式的教育观、儿童观使教师忍不住要说、要管、要问，觉得班级常规不能不抓，游戏规则不能不讲。于是，"看图书不能说话、不同的玩具不能混着玩……"，这些所谓"规则"框住了孩子的言行，抑制了他们的自由创造和表达。《幼儿园教育指导纲要（试行）》中指出："耐心倾听，努力理解幼儿的想法与感受，支持、鼓励他们大胆探索与表达。"可见，幼儿才是游戏的主人，教师提供的应是支持、鼓励，而不是管理、束缚。教师应该多些鼓励，少些说教。当幼儿面对成人赞许、肯定的目光时，幼儿会更自信，思维会更活跃。我认为只要是幼儿喜欢的、幼儿愿意的、幼儿主动的，在安全范围之内的，教师都应该鼓励幼儿去尝试。

边说边做　合作参与

案例背景：

体育区域活动的特点是让幼儿在良好的体育环境中能充分地自由结伴、自选内容、自主活动。大班的孩子已能根据自己的兴趣自由结伴，自选材料进行体育锻炼，但在游戏中的规则意识还不强。

案例描述：

这天，在球区，有几个小朋友在玩抢球，跑来跑去的，一不小心就碰到了正在玩其他游戏的小朋友，我走过去让他们停一下，建议他们在一个圈子范围内玩抢球，之后他们就分成了两个队来进行抢球，球一抛就出去了，根本接不到，我趁机对他们说："让我也来参加你们的抢球比赛，可以吗？"几个孩子高兴地喊起来："好啊！老师，你跟我一组吧！"于是我和两个女孩子一组玩了起来。开始时，我一边说一边传："队员们都散开，找个没人的地方来接球，传球一定要看着同伴，把球抛得高一点，这样接球就容易了！"我们玩了几次之后就把球交给了能力比较强的蔡和峰手里，让他带领其他小朋友玩，我发现他们玩得还不错。

案例分析与反思：

在这次游戏中，教师参与了幼儿的游戏，使幼儿游戏的积极性和情绪一下子高涨起来，不难看出，有效的师幼互动能够激发幼儿的活动激情。

教师以合作者的身份参与幼儿的游戏，运用动作示范和语言指导相结合的形式来使孩子掌握规则和各种技能。在教师边说边做的同时，幼儿运用到了具体形象思维和语言思维相互结合的方式来理解教师的行为，不仅锻炼了幼儿游戏的能力，也锻炼了幼儿的思维能力。

幼儿在游戏中需要建立正确的游戏规则和意识，这需要教师采用巧妙的方法进行言传身教，给幼儿传递正能量。在此次游戏中教师以合作者的角色引导幼儿进行了合作与对抗等形式的游戏，运用"边说边做"的策略来指导孩子的活动，从不同的角度培养了幼儿的思维和运动能力，同时教师也在游戏中体验到了孩子们的快乐，为走进孩子、真正了解孩子提供了有利条件。

跳绳

案例背景：

在元旦的亲子体育游戏中，我发现班上大部分幼儿不会跳绳。于是从这学期开学初就制订让幼儿多练习跳绳的计划。为了让幼儿更快、更好地学会跳绳，我们事先采用了在班级QQ群通知、与家长当面交谈等方式与家长进行了沟通，请家长为幼儿购买两根跳绳，一根放在家中练习，一根带到幼儿园进行练习，于是，跳绳成了我班幼儿在幼儿园中最常见的运动项目。

案例描述：

希希是个文静的小女孩，每天能早早地来幼儿园，周一那天早上，我刚走进教室，希希和几个幼儿就围过来向我问好，在相互问好后，我组织幼儿来到楼顶的民间体育游戏区，想看看孩子们周末在家练习跳绳的情况。

我让孩子们练习跳绳，几个幼儿都积极地去拿绳子，并找到合适的地方跳了起来。而希希却站在那里不动，我对她说："希希去拿绳子来练习跳绳吧，老师想看你跳绳。"她才慢慢地走到篮子旁边拿了一根绳子，拿在手里却不跳，默默地看着其他几个孩子。我说："希希，你也跳啊。"她拿着绳子试着跳了几次都没成功，我便问她："你周末在家和妈妈练习没有？"她嘟着嘴巴说："妈妈太忙了，没有教我跳。"听完她的话，我便告诉她："妈妈没有教，你可以自己学啊，老师也可以教你。来，先把绳子甩到自己的脚前方，双脚再并齐向前一起跳，这样就能跳过了，很简单的，你试试。"几分钟过去了，希希能按老师的方法断断续续地跳了，虽然希希还不能连续跳，但是看到她一甩一跳想要跳过去，我便鼓励她再多练习几下，并告诉她以后早上来园后就可以练习跳绳，多练习老师相信你很快就会学会的，她笑着点了点头。旁边的小伟主动来帮助她，并示范给希希看，增强了希希学习跳绳的信心，看着他们用心地练习着，我心里很高兴。

案例分析与反思：

分析："过于依赖"的家庭教育模式造成了希希不够主动比较懒散的习惯。在家里，妈妈忙碌没多余的时间来陪孩子，孩子的日常生活事务都由妈妈包办代理，因而希希有了一种依赖思想，缺乏自主性及主动学习的态度。反思：对于希希的表现应给予信任，帮助她战胜过于依赖的思想。让孩子了解不是什么事情都一定要在妈妈的帮助下才能完成，要学会相信自己，相信自己是可以做到的。我采取了一同练习和耐心帮助相结合的方法，促使希希克服依赖思想，以勇敢、无畏的精神去锻炼自己。在家长方面我也和希希的妈妈进行了沟通交流，她妈妈听我这么一说也很着急，确实妈妈很忙没有花时间来陪希希跳绳，孩子回来就让她自己练习，家长没重视，而希希便不肯好好地练习跳绳，依赖着妈妈就是不肯动起来。为此我和她的妈妈共施良策，促其转变，共同研究探索一套科学的、适应希希特点的教育方案，如让希希每天早点来幼儿园，教师有更多的时间针对她进行辅导和参加户外运动；关注和支持希希有益的兴趣和爱好，并为之提供方便，培养她的主动性和参与意识；多以积极肯定的态度来帮助希希树立自强、自立、自信的信念。

桥

案例背景：

为了贯彻《3~6岁儿童学习与发展指南》精神，促进幼儿身心全面和谐发展，结合幼儿园健康特色教学，我们进行了"体育区域活动实践的园本课程构建"的探究。在综合区投放了爬竹梯、平衡木、球、圈、绳、棒、箱子、轮胎等材料。孩子们根据自己的兴趣任意选择材料组合，玩出了许多花样，今天老师增加了人字竹梯、长条木板和泡沫垫子。

案例描述：

看到新鲜的材料，孩子们比较兴奋，结对商量后，有的托垫子、有的抬楼梯、有的拉轮胎……操场上热闹起来，很快战场就搭建好了。胆小的幼儿爬上楼梯后顺着楼梯爬下去，胆大的男孩子爬上楼梯最高处往下跳，小朋友们尽情地玩着。

渐渐玩楼梯的孩子越来越少了，老师提议"我们将两架人字楼梯架成桥怎么样"。雷御风和曾志文小朋友抬来木板安装在两个人字梯第二梯上做独木桥，新鲜的玩法又引来了不少小朋友来挑战。孩子们排成队有序地过桥。第二梯的高度小朋友都能轻松地通过独木桥，重复玩了几次，有的孩子没了兴趣离开了，眼看着孩子们都没了兴致，老师建议将独木桥抬高一节，正在搭建时又吸引了不少孩子围观，搭好了，孩子们检查是否稳固后又参与进来。

案例分析与反思：

教师观察到孩子们对单一的人字梯兴趣转移后，提议让孩子们搭建独木桥，再到在第二节时的高度对小朋友们来说缺乏挑战性而失去兴趣时，教师适时建议将独木桥抬高一节，增加了难度，有了挑战，孩子们又有了参与的欲望。

在材料的设计和摆放上应体现层次性，以满足幼儿不同水平的发展，即材料的设计、摆放既要符合幼儿的现有水平，又要给幼儿一定的难度；既要让幼儿获得成功，又让幼儿的能力得到挑战。材料的投放是一个动态的过程，它应随着幼儿动作的发展以及幼儿兴趣的转移而不断变化，教师需要敏锐地捕捉这种变化，进行适宜的调整。

四、自主式体育区域活动计划

自主式体育区域活动计划，如表5-5、表5-6。

表5-5　自主式体育区域活动计划

活动区域	综合运动区、车行区	活动时间	20××.×.×
活动班级	中二班	教师	凌×、刘××
活动一 负责教师： 凌×	活动目标： 1. 选择自己喜欢的车类玩具玩耍 2. 在活动中培养身体的协调与灵活性 3. 能够与同伴之间采取轮流、交换方式合作游戏 活动材料：扭扭车、滑板车、轮胎车、脚踏车、拖拉车、小推车等 观察与指导： 1. 鼓励幼儿自主选择自己喜欢的车类玩具进行活动 2. 观察幼儿在活动中对哪些车类玩具最感兴趣 3. 引导幼儿在玩耍中发生玩具车不够等情况时，应大家共同协商解决 4. 能和同伴一起合作玩拖拉车、轮胎车等车类玩具		
活动二 负责教师： 刘××	活动目标： 1. 选择自己喜欢的区域玩耍 2. 能自己选择材料搭建并进行玩耍 3. 能够与同伴合作游戏 活动材料：轮胎、大型塑料积木、木梯、竹梯、木桩、木块玩具 观察与指导： 1. 鼓励幼儿自主选择自己喜欢的体育区域进行活动 2. 观察幼儿在活动中对投放的各种材料是否感兴趣 3. 引导幼儿在玩耍中自主选择材料，遇到困难时主动寻求同伴或教师的帮助 4. 观察幼儿在游戏中的专注性和持久性		

续表

活动反思	幼儿在车行区能够根据自己的兴趣选择车类玩具进行玩耍。这次投放的各类车的数量比较有限，每种5辆，先到的幼儿很快地选择了自己喜欢的车，对于滑板车，中班幼儿不是很感兴趣，在有车可选的情况下都没有人选择，在车都被选完的情况下，有人选择了滑板车，利用它一人坐在滑板上，一人在后面推着他走。孩子们最喜欢的是拖拉车，开始是两人一组进行游戏，后来的幼儿有的自己选择了同伴加入他们的游戏，几个人轮流拖拉。车行区由于事先没有指定车辆行驶的方向，所以出现了两车频频相撞的情况，孩子们的反应是第一时间来找我告状。我组织孩子们一起讨论：为什么马路上的车那么多，它们不会撞在一起？而我们这里的车这么少，却总是撞在一起？大家经过讨论后一致认为，交通规则必不可少，大家都必须遵守交通规则。还要为我们的车行区画上和马路上一样的行车线，这样就不会相撞了。我肯定了孩子们的想法，大家一致决定在下一次活动前一起完善
问题与调整	1. 建立车行区规则，规划地面行车线，解决车辆行驶混乱的问题 2. 在下一次活动时，可为幼儿多投放一些辅助材料，如绳子、作为货物的小木块等，让他们能够玩出更多的花样

表5-6 自主式体育区域活动计划

活动区域	民间游戏区、综合区	活动时间	20××.×.×
活动班级	小一班	教师	郑××
活动一 负责教师： 郑×× 付×	活动目标： 1. 让幼儿感受体育活动带来的乐趣 2. 激发幼儿参加体育游戏的主动性、积极性和创造性 3. 通过幼儿自主或体育区域活动，培养幼儿运动能力 活动材料：铁环、绳等 观察与指导： 1. 孩子们自主尝试铁环的各种玩法 2. 教师适时介入，指导幼儿尝试新的玩法 3. 注意观察，帮助个别幼儿进行活动 4. 分组进行游戏活动 5. 放松活动，带幼儿洗手等		
活动二 负责教师： 凌× 杨××	活动目标： 1. 让幼儿感受体育活动带来的乐趣 2. 激发幼儿参加体育游戏的主动性、积极性和创造性 3. 通过幼儿自主式体育区域活动，培养幼儿运动能力 活动材料：木块、木板、木凳、轮胎等 观察与指导： 1. 孩子们自主尝试各种玩法 2. 教师适时介入，指导幼儿尝试新的玩法 3. 注意观察，帮助个别幼儿进行活动 4. 分组进行活动 5. 放松活动，带幼儿洗手等		

活动反思	本次活动中有不少值得反思的地方。 其一，在活动中由于幼儿对部分材料的陌生，使活动中没有充分地利用材料培养幼儿的创新能力，幼儿都较喜欢熟悉的材料进行活动 其二，在区域内缺少一些辅助材料，使活动显得单一，不具备挑战性和发展性，不能使幼儿较长时间地保持兴趣 其三，活动区域的材料投放尚显得单一
问题与调整	1. 在自主区域活动中同样要注意"主体"与"主导"之间的关系，不能成为"放羊式"的活动，要有目的地引导和帮助，促进幼儿的发展 2. 各区内应相应地提供多种多样的辅助材料，供幼儿活动时自由选择，以激发幼儿的探索意识，充分发挥幼儿的创新能力 3. 建立幼儿活动基本规则，帮助幼儿理解和掌握区域活动中各类体育活动的基本要求

五、主题式体育区域活动计划

主题一：

我长大了

【活动背景】

每年 9 月，幼儿都升班了。每一次升班都预示着幼儿的不断成长：小班的幼儿开始尝试融入集体生活；中班的小朋友发现自己长高了，会做更多的事情；大班的小朋友成为幼儿园里最大的哥哥姐姐，他们跑得更快、跳得更高、走得更稳了。每个年龄段的相关主题里也融入了孩子们成长的学习内容，教师结合这一实际，设计了主题式体育区域自主活动"我长大了"。

民间游戏区：我的新本领

【设计思路】

每个升班的小朋友在弟弟妹妹面前都充满了自豪感。在民间游戏区的混龄自主活动中，弟弟妹妹崇拜的眼光、追问各种器械材料怎么玩的样子让哥哥姐姐充满了学习尝试的动力。大家开始尝试学习技能，结合开学后"我长大了"的主题，设计了以下活动——"我的新本领"。

【环境创设】

有提绳的毽子、铁环、梭梭、跳房子的格子、沙包等。

【活动要求】

教师给幼儿讲述"我长大了"的游戏情境，提出升班了的小朋友在民间游戏中学会了什么新本领，与幼儿约定 2 周至 4 周的时间，给同伴和弟弟妹妹展示自己的新本领，并最终能带着弟弟妹妹一起学习这个本领。

幼儿可根据自己的兴趣爱好和能力水平，选择感兴趣的材料进行各种自主活动，如小班幼儿尝试抛接沙包、用手直接滚动铁环并追上铁环、把铁环摆在地上进行蹦跳的游戏、跳 6 格的房子；中班幼儿尝试踢有提绳的毽子、跳 9 格的房子、与同伴进行抛接沙包的游戏（用篮子或锥桶接沙包）；大班幼儿可选择滚铁环、踢梭梭（单脚跳踢物前进）、与同伴踢沙包等。幼儿在一段时间内有目的地学习该项本领，学会时展示给同伴或弟弟妹妹看，带领大家一起做游戏。

【观察指导要点】

（1）观察幼儿在活动中的参与度、目的性。

（2）观察幼儿选择的材料或项目是否合适。

（3）连续观察幼儿的学习进展。

（4）根据幼儿情况适时指导。

【价值分析】

幼儿可根据自己的兴趣，选择某种民间游戏材料，通过一段时间的尝试练习，在学会时展示给老师和同伴看，体验成功的乐趣。该主题活动需要教师引导幼儿选择适合的材料和运动形式，以免难度过大挫伤幼儿学习新本领的积极性。当幼儿学会新本领时，可引导幼儿带领其他幼儿一起学习尝试。

纸质材料区：投掷小能手

【设计思路】

《3~6 岁儿童学习与发展指南》中的健康领域，明确提出 3~4 岁的幼儿能"单手将沙包向前投掷 2 米左右"，4~5 岁的幼儿"能单手将沙包向前投掷 4 米左右"，5~6 岁的幼儿"能单手将沙包向前投掷 5 米左右"。长大一岁的小朋友手臂力量明显提高，能提起更重的水桶，搬起更重的桌椅，也能把沙包或纸球扔得更远了。为了进一步发展幼儿上肢力量，提高投掷能力，教师结合纸质材料区的飞盘、纸球、纸飞机等材料，设计了"投掷小能手"的活动。

【环境创设】

飞盘、纸球、纸飞机、高低不同悬挂的大小不一的圈（竖着悬挂）、各类怪兽图卡、夹子、粉笔或矿泉水瓶做的落地式小红旗。

【活动要求】

教师引出活动主题：幼儿园要开运动会了，各班要挑选"投掷小能手"去参加全园的运动会比赛，每位小朋友都可以通过自主活动练习，争取这样的机会。

教师引导幼儿尽量远的投掷或有目标物的准确投掷。

对于准确投掷，可准备悬挂在墙上的锣，幼儿自己选择适合标线作为起点进行投掷，尽量把纸球投掷到锣上，用纸球敲响锣。也可投掷纸球钻过悬空的圈的方式进行投掷游戏。

对于指向距离的投掷，幼儿可选用飞盘、纸球等，在起点标线后向前投掷。幼儿投掷后可用自己喜欢的颜色的粉笔在纸球落地处做记号，或用小红旗标出位置。

【观察指导要点】

（1）观察幼儿活动中的安全意识、规则意识。

（2）连续观察幼儿投掷能力发展情况。

（3）指导幼儿运用正确的姿势进行投掷，并不断选择更有挑战性的投掷距离或投掷任务。

【价值分析】

投掷活动在发展幼儿上肢力量的同时，能培养幼儿的手眼协调动作能力，提高幼儿身体素质，激发幼儿参与体育活动的兴趣。教师用"纸球钻圈""打怪兽""敲锣"等趣味方式进行投掷活动，同时用标记的方式让孩子关注自己投掷能力的提高，让投掷活动更有趣，更具吸引力。教师在该活动中要关注幼儿能力发展情况，适时提出更大的挑战建议，让幼儿向更高水平迈进。

球区：快乐玩球

【设计思路】

球类是幼儿体育活动中的好朋友。各种各样的球能给幼儿带来不同的运动体验：皮球可以滚着玩、抛接、连续拍、投篮、夹球跳等；跳跳球可以让幼儿在感受平衡的同时进行原地弹跳；羽毛球、拍拍气球时发出砰砰砰的声音，非常有成就感……教师结合"我长大了"主题，设计了球区活动"快乐玩球"。

【环境创设】

皮球、跳跳球、羊角球、儿童羽毛球拍、气球等各类球；标线、路标指示牌、感统玩具等。

【活动要求】

教师介绍活动情境：中班的小朋友汪汪，去年他只能双手扶着栏杆，双脚踩在跳跳球上跳着前进。暑假里，汪汪买了一个跳跳球，每天都在家里练习，现在他能不用手扶，只靠双脚夹住跳跳球，平稳地连续跳10个左右，进步非常大呢！不知道小朋友们玩球有了哪些进步呢！引出快乐玩球的主题活动。

幼儿自选喜欢的球类，在球区进行自主活动。

【观察指导要点】

（1）观察幼儿选择的球类、玩球的情况，对活动是否感兴趣。

（2）激发幼儿用多种方式玩球。

（3）引导幼儿运用感统材料、标线等分割出不同路线，保障活动安全。

【价值分析】

该活动指向幼儿身体协调动作能力、平衡能力、蹦跳能力等。在活动中培养幼儿一物多玩的创新思维，学习与同伴合作游戏或进行竞争性的比赛。教师要善于引导幼儿用材料进行创造性的游戏，激发幼儿参与游戏的积极性。

主题二：

秋天博物馆

【活动背景】

四季交替，秋天的到来让孩子们眼中的世界变成了秋的景象，金黄的银杏叶、飘香的桂花、黄澄澄的柿子都成了孩子们眼中的美好和秋意。随着我园小、中、大班"秋天博物馆"主题活动的开展与深入，孩子们充分地认识秋天、感知秋天、品尝秋天等，在体育区域自主活动中，我们将秋天的主题融入其中，教师根据幼儿的学习经验和兴趣，设计了以下几个方案，在主题背景下开展情境性幼儿户外运动。

自然野趣区：秋叶海洋

【设计思路】

秋天到了，树上的叶子变得色彩缤纷，飘飘扬扬地落下来，地面变成了秋叶的海洋。幼儿在树下追逐着空中飞舞的树叶，与树叶玩起了快乐的游戏。教师结合这一情景设计了"秋叶海洋"的活动。

【环境创设】

收集大量的、颜色各异的树叶；小篮子、小筐；大纸箱制作的树叶采集箱。

【活动要求】

幼儿将树叶飘洒在空中模仿树叶飘落的情景，不同年龄段的幼儿使用不同工具（篮子、小筐、手）去接飘落的树叶，比一比看谁接得多；也可用头去接掉落的树叶，并把树叶运送到指定的采集箱处，如此反复游戏。

【观察指导要点】

（1）观察幼儿对活动的兴趣、游戏的参与度。

（2）观察幼儿的手眼协调能力。

（3）观察幼儿的创造性思维，能否探索出更多玩法。

【价值分析】

该活动关注幼儿手眼协调能力、平衡能力等的培养。幼儿在用工具接飘落的树叶时，常因奔跑着将运回树叶采集箱而使树叶飘落出小筐，教师观察到幼儿反复多次出现这一现象后，平行参与到活动中，在运送时用手护住篮子中的树叶，奔跑运送回采集箱，运用榜样的方式，让幼儿发现解决办法。该活动还可引导幼儿运用树叶创意开展多种形式的其他体育活动，如顶树叶平衡走、跳起来抓掉落的树叶、在树叶地毯上翻滚等游戏，但教师要注意引导幼儿注意活动时的安全，注意同伴间的安全距离。

车行区：丰收了

【设计思路】

秋天是丰收的季节：田里的稻谷成熟了、南瓜黄了、树上的橘子香蕉挂满枝头……农民伯伯带上大壶水，在田间地头忙碌着，将丰收的果实装进口袋、箩筐、背篓，满满地垒在独轮车或三轮车上，满载着辛勤劳动的果实回家了。

【环境创设】

在车行区准备大箱子做的"仓库"，真实的南瓜、冬瓜、土豆、地瓜、红薯等食物，十斤装的水桶、五斤装的水桶，独轮车、三轮车、脚踏车等。

【活动要求】

幼儿1~3人一组自由组合进行游戏。幼儿先将各种果实装进自选的工具里，如将土豆装进大口袋里，装进自己喜欢的小推车里，1人负责将装满果实的推车推回"家"，装进"仓库"。其他人可扶车或继续将果实装筐装袋。使用脚踏车的幼儿用背筐装果实的方式将食物运回"家"。

【观察指导要点】

（1）鼓励幼儿与同伴沟通分工，通力合作。

（2）观察幼儿的手臂和腿部力量以及身体协调能力。

（3）幼儿在选择装果实的工具后，引导幼儿选择恰当的运输工具进行运输。

【价值分析】

该活动主要着眼于幼儿的上肢与下肢力量的提升，同时关注幼儿的合理规划、分工能力。在开展"丰收了"这一活动之前，幼儿应当有农民伯伯采收粮食的经验，以便于在分工和操作时提供借鉴。幼儿在运粮食之前，合作的"家人"之间应当做好分工，谁负责采收果实，装筐或装袋，谁负责运输，谁负责整理仓库，同时应当商量好选用的装筐工具和车行工具的搭配。当幼儿在运输中出现困难时，教师应当给予引导和支持。

综合运动区：螃蟹钻地笼

【设计思路】

秋天是水果丰收的季节，也正是食用螃蟹的时节。孩子们谈论起超市里的螃蟹，对螃蟹生长的地方、如何采收非常感兴趣。因此，教师在开展相关集中活动的基础上，设计了螃蟹钻地笼的主题式户外体育区域自主活动。

【环境创设】

螃蟹头饰、轮胎、滚筒、麻绳网、地垫等材料。

【活动要求】

在主题式背景下，教师引导幼儿商量、设计出渔民抓捕螃蟹的"地笼"；幼儿戴上螃蟹头饰，小心地钻过轮胎、滚筒、麻绳网模仿的"地笼"，逃过渔民的抓捕。

【观察指导要点】

（1）不同年龄段幼儿使用匍匐、膝盖悬空、手脚并用等多种方式钻爬的能力。

（2）幼儿在钻爬中与同伴保持适当的距离，做好自我安全防护的能力。

【价值分析】

该活动主要关注幼儿钻爬能力的提升，不同年龄段的幼儿可采用适合自己发展水平的钻爬方式。因户外体育区域自主活动是混龄混班开展，因此年龄小的幼儿在已有水平基础上，可引导其向能力水平高的哥哥姐姐模仿学习，促进幼儿向更高水平发展。教师可运用平行参与的方式参与到幼儿游戏中，通过自身行动为幼儿个人安全防护和正确爬行提供参照。

主题三：

动物狂欢节

【活动背景】

孩子都有一颗喜欢动物的心，他们天生对小动物感兴趣，乐于模仿小动物的声音、动作姿态。动物拥有各具特色的本领，如豹子擅长奔跑、袋鼠擅长跳、猫擅长轻声走路、熊猫擅长爬树、老虎擅长跳高……动物身上的这些本领都是孩子们感兴趣的，教师结合"动物狂欢节"主题活动，设计了以下体育区域自主活动。

球区：会跳高的老虎

【设计思路】

孩子们都知道，老虎是擅长奔跑捕捉猎物的一种动物，但其实老虎还特别擅长跳高。老虎会跳起来捕捉落在枝头的鸟雀，教师结合这一情境，设计了"会跳高的老虎"。

【环境创设】

在球区投掷悬挂物上粘贴各种鸟雀的图片、老虎的头饰。

【活动要求】

教师引导幼儿在高低不同的悬挂绳上粘贴不同鸟雀的图片，营造出鸟雀停在枝头的场景，幼儿戴上老虎头饰，选择适合自己高度的鸟雀，跳高捕捉鸟雀。幼儿可采用拍落或抓取的方式。

【观察指导要点】

（1）观察幼儿原地向上跳的方式。

（2）观察幼儿的跳高水平。

（3）观察幼儿在活动中的兴趣度。

【价值分析】

该活动在丰富幼儿关于老虎能力的经验前提下，关注幼儿跳高拍物的能力。教师要根据幼儿的能力水平，提供适当高度的悬挂绳，在悬挂鸟雀图片时，教师可与幼儿共同设置情境。幼儿在模仿老虎跳高捕食鸟雀时，容易出现面对面跳高抓取的情况，存在一定安全隐患，教师要引导幼儿商量规则，约定拍物的方向，从源头上消除安全隐患。幼儿通过这样的活动，也为以后的体育自主活动提供了个人安全防护经验。

综合运动区：奔跑的羚羊

【设计思路】

宽阔的草原上，羚羊成群，它们悠闲地吃着鲜嫩的青草。一只饥饿的豹子出现了，羚羊们飞快地奔跑，躲避捕食者的抓捕。教师结合这一情境，设计了"奔跑的羚羊"活动。

【环境创设】

树叶；羚羊和豹子的头饰；布条、竹竿、竹梯等。

【活动要求】

教师讲述故事情境，引导幼儿商量布置出游戏情境：将树叶洒落在地面，布置成青青草地，用竹竿、竹梯或布条布置出宽阔的河流。幼儿商议确定角色，大部分幼儿戴上头饰扮演羚羊，在草地上吃草，1~2名幼儿戴上头饰扮演豹子。当豹子出现时，羚羊开始向有河流的方向奔跑，企图跑到河边，跳过宽阔的河流，躲避豹子的追捕。

【观察指导要点】

（1）观察幼儿与同伴商议情境布置、角色分工的能力。

（2）观察幼儿的奔跑、跳跃能力。

（3）观察幼儿根据游戏情况调整角色分配或规则的能力。

【价值分析】

奔跑、跳跃是幼儿体育能力中必不可少的部分，教师根据幼儿喜欢模仿动物的特点，设计了该主题，力图通过主题式、情景化的体育区域自主活动，在快乐的游戏中提高幼儿躲闪跑的能力以及跳远的能力。该活动在角色分工上，需要幼儿不断磨合调整，如扮演豹子的人多了，羚羊会很快被捕食，会让幼儿很快失去游戏的兴趣。此时就需要教师的引导支持，告诉幼儿豹子不是群居动物，通常为单独捕食，通过故事情境来暗示幼儿合理地分配角色。

纸质材料游戏区：小猫学本领

【设计思路】

小猫是幼儿生活中常见的动物，喜欢捕捉老鼠，在河边抓鱼，所以幼儿时常可以见到猫行走在又高又窄的横梁、轻巧地跳过高高的障碍物、奔跑在屋檐边追逐逃命的老鼠，也能见到猫跳到水池中的石头上，用爪子捞水里的鱼儿……这些生活中幼儿感兴趣的场景都能成为他们学习的契机。教师结合这些场景，设计了"小猫学本领"的活动。

【环境创设】

大小高矮不一的纸箱、宽窄不一的纸板路、长短不一的大纸筒、各种形状的纸板、纸质箭头等。

【活动要求】

教师为幼儿讲述故事情境：小猫长大了，想学习本领，能去抓老鼠、抓鱼。猫妈妈告诉它，想要抓到老鼠或鱼，就得练好跑、跳、平衡等本领……教师引导幼儿利用纸质材料区的材料，自主设计出练本领的场地；幼儿通过模仿小猫练习本领的情节进行游戏。

【观察指导要点】

（1）观察幼儿运用现有材料设置练习场地的能力。

（2）观察幼儿设置场地时的交流、表达能力。

（3）观察幼儿跑、跳、平衡的能力。

（4）观察幼儿的路径设置是否安全合理。

【价值分析】

该活动中幼儿的自主性非常强。幼儿通过纸箱、纸板、纸筒等材料，打造出小猫练习本领的场地。幼儿在初次设置场地后，通过初次尝试游戏，会发现很多问题，如纸箱距离太近，轻轻就跳过了，没有挑战性；纸板路太宽，没有难度；障碍物的纸箱又太高……教师要引导幼儿适当调整难度，让挑战有难有易，给不同年龄段的幼儿提供适当的路径，促进幼儿向更高水平发展。教师在指导时可通过提问引导、平行参与等方式给予幼儿支持。教师还可通过纸质箭头等材料暗示幼儿游戏路径的设置，起到安全提示的作用。

主题四：

天冷我不怕

【活动背景】

冬天慢慢地到来了，世界万物都悄悄地发生了变化。地上的小草枯萎了，梧桐树掉光了树叶，光秃秃的，北风呼呼地吹，吹得小朋友们穿上了厚厚的羽绒服，带上了棉手套和帽子，躲在屋子里不愿意出来玩。为了鼓励幼儿积极参加体育锻炼，让身体变得更暖和，同时起到锻炼身体的作用，我们设计了"天冷我不怕"这一主题活动。

综合运动区：神奇的运动场

【设计思路】

尽量选择能活动身体各部位的大运动项目，能让孩子在运动中加速血液循环，让身体变暖，起到抵御寒冷的作用，让孩子在冬天爱上运动，养成运动的习惯。

【环境创设】

轮胎、竹梯、攀爬架、木板、塑料圈、标线等。

【活动要求】

教师介绍游戏情境：天气越来越冷，很多小动物冷得躲在家里都不出来活动了，可是它们发现越是躲在家里不动弹就越冷。大象老师告诉它们，他有一个神奇的运动场，只要在运动场里跑一跑、跳一跳，身体就会变暖和起来，小动物们也想试一试，小朋友们一起给小动物准备一个运动场吧。

教师引导幼儿运用材料搭建运动场，创设出集跳跃、攀爬、平衡、奔跑为一体的神奇运动场，并用标线暗示幼儿运动方向，避免对向行进发生碰撞。

在玩神奇运动场时应有序排队，统一往标线指示的方向前进。

【观察指导要点】

（1）观察幼儿分工合作创设场景的能力。

（2）幼儿是否遵守安全要求和运动规则，如有安全隐患行为，及时制止并引导。

（3）根据幼儿行进的顺畅度，及时指导幼儿调整材料的摆放方式，缓解某些路段的拥堵。

【价值分析】

该活动是为了调动幼儿冬天参加体育锻炼的积极性，同时指向了身体各部分的动作发展，如跑、跳、平衡、攀爬等动作技能，是幼儿喜欢的运动形式。鉴于活动时是混龄混班开展，可引导幼儿设置两条不同难度的路径，让幼儿可以选择适合自己能力水平的挑战路径。两条路径相伴前行，还可便于能力水平稍差的幼儿模仿学习哥哥姐姐的动作要领，起到同伴互助学习的作用。

车行区：小松鼠屯粮

【设计思路】

寒冷的冬天，小动物有各自过冬的方式。青蛙、蛇、熊在自己的洞里冬眠，不吃也不喝，睡上一觉，醒来时冬天就过去了。也有许多动物需要提早屯粮准备过冬，如蚂蚁、喜鹊、野兔、狐狸……冬天来临之前，勤劳的小松鼠将松果、花生等食物搬到自己的树洞里藏起来，准备过冬了。

【环境创设】

脚踏车、三轮车、独轮车；贴有松鼠图片的"树洞"屋；小筐、篮子、各类松果、花生、大小不一的编织袋等。

【活动要求】

教师介绍游戏情境：冬天来了，天气会越来越冷，小松鼠为了能在树洞里暖暖地过上一个冬天，这段时间每天都在树林里寻找松果、花生等食物，再将这些食物运送回自己的树洞里藏起来，准备冬天时吃……小朋友们也来帮帮它们吧！

教师引导幼儿布置出散落着松果、花生等食物的树林，准备好松鼠的树洞屋，开始松鼠的屯粮任务。

幼儿将散落的松果装在小筐或袋子里，选择自己喜欢的交通工具，将实物运送回树洞屋。

【观察指导要点】

（1）引导幼儿布置游戏场景，也可用各种玩具材料代表食物。

（2）提醒幼儿骑行交通工具时注意安全，不要发生碰撞。

（3）引导幼儿游戏结束之后收拾整理各类材料，放回原处。

【价值分析】

通过该活动，拓展了幼儿关于动物过冬的知识，让幼儿对四季更替和大自然的动物产生兴趣。该活动促进了幼儿动作的发展，推车方式指向上肢力量，独轮车指向上肢力量和平衡能力；骑行方式指向下肢力量……较为狭窄的通道也让幼儿在游戏中学会了安全规划路线，尽量保障自己和同伴的安全。

主题五：

愉快的假期

【活动背景】

经过一个寒假，孩子们度过了一个欢乐祥和的春节，大家都玩得非常高兴。开学后发现许多幼儿都长高了，似乎更懂事了，结合开展的主题活动"愉快的假期"，我们设计了"看灯会""花样玩球""坐雪橇"三个体育区域活动方案，这三个活动方案体现了教师根据幼儿的生活经验和年龄特点，在主题背景下开展情境性幼儿户外运动的设计理念。

综合运动区：看灯会
【设计思路】

过春节，到处都张灯结彩，漂亮极了。在上次进行的美术活动"灯笼"过程中孩子们讲述了好多关于彩灯的故事，有的幼儿还去自贡看了灯会，对看灯会的过程记忆犹新，讲述了与灯会有关的很多故事。在这个基础上，我设计了"看灯会"这一区域活动。

【环境创设】

收集了一些灯笼、彩灯，教师与幼儿一起布置场地、设计路线。绕障碍跑、走梅花桩、钻拱形门、爬过梯子去看灯会。

【活动要求】

活动时要求幼儿排好队，按设计的路线参观，并按要求跑、走、爬、钻完成动作。提醒幼儿遵守游戏规则，注意安全，鼓励幼儿大胆参与游戏，一轮游戏结束后回到起点排好队再进行第二轮游戏。

【观察指导要点】

（1）让幼儿养成遵守游戏规则的习惯，学习简单的自我保护方法。

（2）锻炼幼儿的钻、爬、跳、平衡能力。

（3）体验游戏的乐趣，回忆看灯会的过程。

（4）有序进行游戏，与同伴保持一定的距离。

【价值分析】

本区域活动的目的是锻炼幼儿身体的综合运动能力，活动量比较大，要求较高。

以前只是单纯地进行一种或者两种技能的锻炼，这次综合了几种能力在里面。美丽的灯大大激发了孩子们的参与兴趣，幼儿通过自己的辛勤付出去观灯，体验了成功的乐趣，懂得了有付出才有收获的道理。幼儿的综合运动技能在欢乐的游戏中得到了提升。

球区：花样玩球

【设计思路】

过了年，进入了新的一年，我们都长大一岁了，你在哪些方面有进步呢？在进行社会活动"我会做"时幼儿讲述了很多自己会做的事，如吃饭、洗手、穿衣服、穿鞋等，有的幼儿也说到了会唱新年好、会说祝福的话，当我问到有没有学会新的方法玩球呢？有的说学会了投篮、有的说会拍更多的球了，说到这里，孩子们都跃跃欲试了，因此有了"花样玩球"这一户外区域活动。

【环境创设】

检查球区的皮球是否卫生、安全，给皮球充足气。师幼共同清理布置球区场地，提供一些辅助材料。

【活动要求】

幼儿自由选择一个皮球，用自己学到的或者想到的办法来玩皮球，也可以使用老师提供的其他材料一起玩皮球。

【观察指导要点】

（1）引导幼儿尝试用多种方法玩皮球，如拍、滚、踢、投篮、抛接等，也可用一些辅助材料与皮球组合一起玩。

（2）鼓励幼儿尝试玩其他的球类，如海洋球、羊角球、跳跳球等。

（3）提醒幼儿游戏时注意安全，可与同伴一起玩皮球。

【价值分析】

幼儿积极地参与运动，不断地推动他们动作的发展。在活动中，能与同伴共同分享游戏材料、共同游戏是幼儿与同伴建立良好关系的开端。

纸类、布类区：坐雪橇

【设计思路】

假期好多幼儿都出去游玩，有的去了西岭雪山讲起了在那里滑雪的事，孩子们对滑雪充满了期待，为了满足孩子们的愿望，我设计了"坐雪橇"这一体育区域活动。

【环境创设】

在纸类、布类游戏区，清理场地，并准备好供幼儿游戏的长布条。

【活动要求】

教师让幼儿6人一组，自由组合。先请6名幼儿示范游戏，2名幼儿坐在布条的一端，一人拉住布条的一角从后背绕到肩部并紧紧拉住。其余4名幼儿站在布条的一端，用力拉住布条前进，让坐在布条上的幼儿感受"坐雪橇"的美好。

【观察指导要点】

（1）观察幼儿对提供的材料是否感兴趣，游戏是否专注。

（2）引导幼儿与同伴合作游戏，并正确使用游戏材料。

（3）提醒幼儿注意安全。

【价值分析】

在活动中培养幼儿的合作精神、会正确使用游戏材料和锻炼四肢的力量是本次活动的重点。教师要善于引导幼儿用材料进行创造性的游戏，激发幼儿对游戏的积极性和参与性。鼓励幼儿尝试一物多玩，并与同伴合作游戏，体验合作游戏的乐趣。

主题六：

环保小卫士

【活动背景】

环保是全世界关注的问题，环保意识的培养应该从幼儿开始，在大班开展"环保小卫士"的主题活动一段时间后，"环保小卫士"主题背景下的三个户外体育区域活动诞生了，分别为"运送小树苗""小猫搬家"和"蜘蛛宝宝"。这三个活动方案体现了教师根据幼儿的学习经验和兴趣，在主题背景下开展情境性幼儿户外运动的设计理念。

车行区：运送小树苗

【设计思路】

春天的脚步款款走来，微风吹拂小朋友的脸，孩子们的脸上洋溢着微笑和快乐。因为春天来了，天气总是暖暖的，随着主题活动的开展，以"3.12"植树节为契机，来增强幼儿的环保意识、生态意识，达到体育锻炼的目的，从而设计了"运送小树苗"户外区域活动。

【环境创设】

孩子们对幼儿园车行区中的三轮拖车很感兴趣，此次将它们用作运小树苗的工具，师幼合作用废旧报纸卷成纸棒做成小树苗，布置好场地，终点放两个废旧蛋糕盒。

【活动要求】

游戏开始，每队排头幼儿沿规定路线骑车，途径小树苗的地方，捡起一棵小树苗，继续骑车，将小树苗送到终点的基地。按原路返回，拍第二名队员的手，排至队尾，第二名队员出发，依次进行。先将小树苗送完的一队获胜。

【观察指导要点】

（1）引导幼儿分组沿着地上的线骑车。

（2）引导幼儿控制好自己车头的方向，眼睛要一直看着前面，两只脚要均匀用劲、眼睛看着前方才能保证骑得又快又稳。

（3）能坚持把自行车骑到终点，并且一定要把车子交给下一个小朋友。

【价值分析】

本区域活动的重要目的是锻炼幼儿的腿部力量、四肢协调性及团队合作能力。以往单纯的骑车活动缺少趣味性，"运送小树苗"活动通过创设情境，在玩游戏中加强了环保意识。

综合运动区：小猫搬家

【设计思路】

近年来，河水污染现象越发严重，而如何保护水质成了大家谈论的话题，为了让幼儿知道小猫搬家的原因，树立保护水质等环境意识，培养幼儿爬、走平衡木等动作的灵敏性，设计了"小猫搬家"体育区域活动。

【环境创设】

将综合运动区中的木凳代表小桥，竹梯代表高山，并提供与幼儿人数相等的小猫头饰若干，自制钓鱼竿，"保护河水、此处严禁堆放垃圾"牌子一块，将场地布置好。

【活动要求】

小猫家周围的河水被污染了，没鱼吃，想搬家，请小朋友帮忙，将全班分成6队，每队人数相等，每队第一个幼儿头戴小猫头饰，手拿钓鱼竿，要翻过小山，走过小桥，鱼竿和头饰不准丢，才能到达小猫新家，到小猫新家后站好。看哪队幼儿搬得快，先结束的一队是优胜者，选出前三名。

【观察指导要点】

（1）观察幼儿是否听清楚游戏规则，并指导幼儿每队前一个幼儿到"家"后，后一个幼儿才能"搬家"。

（2）引导幼儿积极参与活动，特别是个别胆小的幼儿，在过小桥与爬高山中，给予鼓励和帮助。

【价值分析】

在活动中，材料的巧妙选择和有机组合是促进幼儿动作发展的关键所在。幼儿通过组建材料、布置活动环境、积极地参与运动，有效促进自身动作的发展。幼儿在玩中得到锻炼，增强环保意识。

攀爬区：蜘蛛宝宝

【设计思路】

攀爬区是幼儿常去的地方，每到户外活动时，幼儿便匆匆围上去跃跃欲试，然而往往是看的人多，爬的人少。鼓励的话没少说，什么"比谁最勇敢""看谁最棒"等，但并不奏效，幼儿大多数仍然是敢看不敢上。如何让攀爬区变得不枯燥、有趣味，让多数孩子都敢去？这一问题一直困扰着我。在区角活动时，李明昶小朋友带来蜘蛛侠的图书很受欢迎，大家都积极与他交流蜘蛛侠的点滴，恰好蜘蛛宝宝能捉害虫，这不又是一个"环保"教育吗，故设计了"蜘蛛宝宝"户外区域活动。

【环境创设】

幼儿园的攀爬区是个很好的地方，但场地窄，为使游戏情境性更强，将增加小木桥（两张木凳拼凑在一起），将场地布置为小木桥—草地—蜘蛛网，在蜘蛛网（攀爬墙）上方贴上害虫图片。

【活动要求】

以"蜘蛛宝宝"捉害虫为主线，将幼儿分为10人一组，进行攀爬取物游戏比赛，小蜘蛛们爬过小桥，爬过草地，爬上蜘蛛网，捉到害虫，爬下来放到筐内，比一比哪组蜘蛛能又快又稳地爬上蜘蛛网捉住害虫，又安全地爬下攀岩墙。

【观察指导要点】

（1）鼓励胆小的幼儿大胆地向上爬，练习攀爬取物。

（2）提醒幼儿听清老师的口令和游戏规则。

【价值分析】

在幼儿活动时，教师的参与对幼儿来说比任何语言的影响力都要大。在幼儿眼中，教师既是师长，又是玩伴。榜样的作用是巨大的，孩子们需要的不仅仅是教师语言的鼓励，更需要教师身体力行的参与。我想在这个活动中，我真正转变为参与者和合作者。

主题七：

春游去

【活动背景】

在小班开展"春游去"的主题活动一段时间后，"春游去"主题背景下的三个户外体育区域活动诞生了，分别为"坐车去春游""去采花"和"捉蝴蝶"。

车行区：坐车去春游

【设计思路】

春天来了，我们开展了"春游去"的主题活动，孩子们感受到了春天万物复苏带来的生机，很想出去走一走看一看。因此，教师抓住了这一富含教育价值的契机，与幼儿共建了情境性户外区域活动"坐车去春游"。

【环境创设】

幼儿园的大操场周围有很多迎春花开放了，花园里的小树也发了嫩芽。因此，我们把这里当作了春游的目的地。我把车行区的各类小车，如脚踏车、单轮车、大货车等搬到了活动场地的另一头，场中央设置一些障碍物，在花园里插上了红色小旗表示目的地。

【活动要求】

活动的时候，幼儿选择一台自己喜欢的小车，在老师的指导下幼儿依次开着小车骑行，在遇到操场中间的障碍物时必须要骑车绕过障碍物，跟着老师到达花园。

【观察指导要点】

（1）引导幼儿根据自己的兴趣自由选择一个小车。

（2）观察幼儿选择的不同小车类型。

（3）引导幼儿骑行时注意避开场中央的障碍物。

（4）指导幼儿骑行时观察旁边情况，不要和其他幼儿碰撞在一起。

（5）有序地跟着老师到达目的地。

【价值分析】

本次体育区域活动的目的是锻炼幼儿的腿部力量和协调能力。在以往的车行区活动中，幼儿的骑行总是没有目的性的，总是有碰撞的情况出现。在此次活动中，通过适时的引导和环境的创设让车行区的活动更加有趣，幼儿的规则意识也得到了一定的提高。

综合运动区：去采花

【设计思路】

春天到了，孩子们感受到了季节的变化，发现身边花儿开了、草儿绿了，春天的桃花、梨花、李花、樱花互相争艳，幼儿对大自然中春天的景色非常感兴趣。结合幼儿爱花的情感，教师设计了主题为"去采花"的户外区域活动。

【环境创设】

教师收集了春天开放的桃花、梨花、李花、樱花等花朵的彩色图片，把图片拴在绳子上，有的图片拴的高一些，有的图片拴的矮一些。另外，为幼儿投放了呼啦圈、软垫、钻圈、独木桥等活动材料，和幼儿一起把这些材料连接在一起。

【活动要求】

幼儿想要去采花必须先跳过小河（呼啦圈）、爬过草地（软垫）、钻过山洞（钻圈）、走过独木桥到对岸去采下一朵花的图片。采花的时候幼儿要跳起来扯下一朵花。之后拿着花跑回到老师身边说一说自己采到的是什么花朵。

【观察指导要点】

（1）引导幼儿连贯地进行跳、爬、钻等动作。

（2）指导幼儿认识自己采的花朵。

【价值分析】

在活动中幼儿的兴致很高，通过体育区域材料的选择和环境的布置让幼儿自主、积极地投入活动中。通过材料发展了幼儿跳、爬、钻等动作和大肌肉的运动协调能力。并且在活动中把其他领域的知识融合在了其中，让幼儿认识了春天的花朵。

球区：捉蝴蝶

【设计思路】

春天是一个美好的季节，除了有五彩缤纷的花朵，还有美丽的蝴蝶。在主题活动时，孩子们进行了对蝴蝶涂色的游戏。基于幼儿对蝴蝶的兴趣，我们在体育区域活动中设计了"捉蝴蝶"的活动内容。

【环境创设】

在球区开展活动，大小不同的皮球和辅助材料呼啦圈。把呼啦圈放置在地面上，再把幼儿涂色的蝴蝶剪切下来，每一个呼啦圈中放一只蝴蝶。

【活动要求】

幼儿自由选择大小不同的皮球，用皮球抛向或者投向呼啦圈里的蝴蝶，投中的幼儿可以把蝴蝶捡起来。

【观察指导要点】

（1）鼓励幼儿根据自己的兴趣和需要选择大小不同的皮球进行投掷。

（2）指导幼儿看准后把皮球投到圈里。

（3）引导幼儿根据蝴蝶的远近选择不同的皮球，调整不同的难度。

【价值分析】

兴趣是最好的老师，教师要善于发现幼儿的兴趣点，利用主题活动中的蝴蝶开展体育区域活动，让幼儿用球去捉蝴蝶，锻炼幼儿的投掷能力和手臂力量。活动中，幼儿根据自己的能力和需要选择大小不同的球，在不断实践和探索中发现大球小球的不同和力量的不同，所以投掷的距离也不同，从而培养幼儿的探索精神。

主题八：

我最喜欢的季节

【活动背景】

在中班开展"我最喜欢的季节"的主题活动一段时间后，"我最喜欢的季节"主题背景下的三个户外体育区域活动诞生了，分别为"寻找春姑娘""去郊游""种树"。这三个活动方案体现了教师根据幼儿的学习经验和兴趣，在主题背景下开展情境性幼儿户外运动的设计理念。

综合运动区：寻找春姑娘

【设计思路】

随着天气变暖，孩子们知道春天已经来了，教师抓住了这一富含教育价值的契机，与幼儿共建了情境性户外区域活动"寻找春姑娘"。通过设置一个故事情境，让幼儿去帮助巨人，然后通过各种各样的障碍去寻找春姑娘。

【环境创设】

根据幼儿园中班的幼儿的体育发展特点，在路途中我设计了让幼儿避开"龙卷风"环节（越过障碍跑）、过独木桥（平衡木）、跳过水沟（双脚立定跳）等。最后终于寻得了春姑娘，原来春姑娘早就来到了我们的身边，在去寻找春姑娘的时候我们一直就在春天里。

【活动要求】

活动的时候，幼儿要根据要求克服路途中的"困难"，按要求完成越过障碍跑、过独木桥和双脚立定跳远。不能投机取巧直接穿过障碍。

【观察指导要点】

（1）引导幼儿通过 S 形跑、跨跳等方式越过障碍。

（2）观察幼儿走独木桥时的平衡能力，鼓励幼儿选择适合自己的独木桥，并鼓励幼儿尝试高一点的。

3. 引导幼儿能用正确的姿势有序地进行双脚立定跳远。

【价值分析】

本区域活动的重要目的是锻炼幼儿的腿部力量。往常我也尝试着引导幼儿用不同的方式进行双脚立定跳，可幼儿往往只尝试一会儿就又以走为主了。而这次我抓住了幼儿自发行为的教育契机，经过鼓励和推动，大大激发了幼儿相互模仿、主动尝试、争取创新的欲望，使孩子们在竞相模仿的过程中得到了较好的锻炼。

车行区：去郊游

【设计思路】

孩子们在找到春天之后，对美丽的春天十分喜爱。看着大班哥哥姐姐组织了春游活动后，"他们到哪儿去春游了""我们要去哪春游"也顺理成章地成了幼儿新的探究问题。老师抓住这一教育契机，让家长和幼儿一起搜集了有关家乡的信息、图片等资料，通过展示、交流，增长了见识，也引起了出去走走、看看的强烈愿望。结合幼儿强烈的春游愿望，教师设计了主题为"去春游"的户外区域活动。

【环境创设】

教师和幼儿一起制订春游计划，绘制春游路线图，讨论春游中要注意的问题，商量春游要带的物品，如汗巾、水杯、食物等。为幼儿准备"轻""较重""重"标记的塑料筐，筐里放着蓝、绿、红三色的重量不同的负重背包。

幼儿通过骑车、步行（爬山／过河／钻山洞）的方式到达自己想去的地方，找到教师分别藏在三个地方的景区照片后沿原路返回。

【活动要求】

幼儿要想去自己喜欢的"景点"，必须先看清路线图上的要求，三个景区在骑行结束后分别有一段不同的路，幼儿选择一个路牌，通过某个特殊道路到达自己选定的"旅游景点"。一路上，幼儿要穿过障碍爬上滑滑梯，或走过高矮长短不同的板条搭成的平衡木，或钻过各种大小高矮不等的塑料拱门，才能通往这些旅游景点。

【观察和指导要点】

（1）引导幼儿通过拎与掂量等方式体验不同重量，理解"轻""较重"和"重"概念。

（2）观察幼儿背上背包后行进的状态，适时鼓励幼儿选择更适合自己的负重背包。

（3）引导幼儿几人一组进行骑行，并能有默契地让车顺利前行。

（4）引导幼儿根据自身动作发展的情况及时调整跳、钻、爬、平衡等动作的难度。

【价值分析】

在活动中，材料的巧妙选择和有机组合是推动幼儿动作发展的关键所在。幼儿通过组建材料、布置活动环境、积极地参与运动，不断地促进他们动作的发展。在活动中，不同的活动材料的运用对幼儿各个部位的锻炼效果各不相同，即使同样的活动、同样的材料，一个细节不到位就可能难以具有挑战性，难以激发幼儿参与活动的兴趣，难以促进他们动作的发展。

民间游戏区：种树

【设计思路】

在开展"我最喜欢的季节"这个主题时，刚好遇到了植树节，通过这个节日，教师与幼儿共建了情境性户外区域活动"种树"，在体育区域活动中设计了"跳房子"的活动内容。

【环境创设】

利用小推车装上可插放的"小树"，纸板箱、泡沫板制作格子当"房子"。

【活动要求】

幼儿一人或两人一组自由组合进行游戏。幼儿先将小推车装好"小树"运到房子的一边，手拿小沙袋向数字格子扔去，扔到某个数字后，可以单脚或双脚跳向数字，然后再回到出发点，将小车推过房子去植树。

【观察指导要点】

（1）鼓励幼儿了解游戏规则，能协商合作玩耍。

（2）启发幼儿想出不同的玩法，提高幼儿的创造力。

【价值分析】

在合作游戏前，幼儿间的协商是很重要的，只有当幼儿对游戏的规则达成一致时，游戏才能玩起来，才会玩得有趣，才能实现活动目标。当孩子争执不休时，教师给予适时的介入，帮助幼儿发现问题、消除困惑显得尤为重要，教师应当在活动中充当活动的促进者。

主题九：

各行各业的人

【活动背景】

在大班开展了"各行各业的人"的主题活动一段时间后，"各行各业的人"主题背景下诞生了三个户外体育区域活动，分别为"快乐邮递员""篮球明星"和"我是传承人"。这三个活动方案体现了教师根据幼儿的学习经验和兴趣，在主题背景下开展情境性幼儿户外运动的设计理念。

车行区：快乐邮递员

【设计思路】

在开展"各行各业的人"的主题活动中，幼儿认识了各种行业的人，对各行业该做什么、可以做什么有了一定的了解。幼儿在活动中有了自己喜欢的行业，在此热点的延续中对该行业的工作产生了浓厚的兴趣。教师抓住了这一富含教育价值的契机，与幼儿共建了情境性户外区域活动"快乐邮递员"。

【环境创设】

幼儿园的车行区是幼儿很喜欢的一个户外体育区域，车的种类有很多，如扭扭车、滑板车、轮胎车、脚踏车、拖拉车、小推车等。车行区的场地是一个小型操场，中间要经过一个通道才能到达大操场，而这个区域就成了幼儿送货的通道。

在大操场的综合区放有皮球、积木等小型玩具，这就是孩子们所运的货物，当然还有"人"。在旁边的墙上挂着一块小黑板，上面是送货清单。

【活动要求】

活动中，幼儿要根据"送货清单"上的内容准备好货物，扮演邮递员，骑着自己的送货车去送货，送货的地点各不相同，可以在途中增加障碍物，加大难度。

【观察指导要点】

（1）引导幼儿通过观察"送货清单"，采用一一对照的方式清点，将清点好的货物放在车上。

（2）观察幼儿送货时掌控车的能力，适时鼓励幼儿选择更适合自己的送货车。

（3）引导幼儿尝试爬坡、绕行障碍物等不同方式进行送货。

4. 指导幼儿将货物送到终点时，仔细核对清单看看是否送对。

5. 提醒幼儿在行车时注意遵守交通规则，与同伴保持一定的距离。

【价值分析】

本区域活动的重要目的是锻炼幼儿的腿部力量。

球区：篮球明星

【设计思路】

幼儿从小班开始就对球特别感兴趣，起初是赶小猪、跳跳虎，现在幼儿更感兴趣的是投球，在此基础上给幼儿观看一些篮球视频，当篮球明星的愿望就要在这里实现了。

【环境创设】

幼儿园的球区有许多球，还有篮球架、圆筒形的滑滑梯，艺术走廊上也有一个可以投球的圆形洞口，把大型滚筒放平了就是投球的篮筐。

【活动要求】

幼儿根据自己的喜好和能力选择难度不同的投球点，投球时请幼儿站在指定区域进行投球，不能离得太近。

【观察指导要点】

（1）引导幼儿根据自身动作发展的情况及时调整投球的难度。

（2）鼓励幼儿以多种组合的方式运用材料。

【价值分析】

在活动中，材料的巧妙选择和有机组合是促进幼儿动作发展的关键所在。幼儿积极地参与运动，促进身体动作发展。

民间游戏区：我是传承人

【设计思路】

在开展"我是传承人"这个小主题时，幼儿对民间有趣的传承游戏与玩法产生了浓厚的兴趣。所以，我们在大主题"各行各业的人"的体育区域活动中设计了"我是传承人"的活动内容。

【环境创设】

铁环、跳房子、舞龙、抬轿子、翻花、踩高跷……

【活动要求】

幼儿一人或多人一组，选择自己喜欢的民间游戏材料进行活动。

【观察指导要点】

（1）鼓励幼儿了解游戏规则，能协商合作玩耍。

（2）启发幼儿想出不同的玩法，提高幼儿的创造力。

【价值分析】

在合作游戏前，幼儿间的协商是很重要的，只有当幼儿对游戏的规则达成一致时，游戏才能玩起来，才会玩得有趣，才能实现活动目标。当孩子争执不休时，教师给予适时的介入，帮助幼儿发现问题，消除困惑。

主题十：

勇敢的我

【活动背景】

在开展"勇敢的我"的主题活动一段时间后，"勇敢的我"主题背景下的两个户外体育区域活动诞生了，分别为"勇敢的快递员"和"好玩的竹梯"。这两个活动方案体现了教师根据幼儿的学习经验和兴趣，在主题背景下开展情境性幼儿户外运动的设计理念。

车行区：勇敢的快递员

【设计思路】

勇敢既是一种精神力量，又存在于一系列具体的行为表现之中。围绕"勇敢的我"这一主题，设计了"勇敢的快递员"这一主题下的区域活动。

【环境创设】

在车行区创设送快递线路，其中骑行的路段相同，幼儿可以"搭车"然后分设3条路。为幼儿准备"轻""较重""重"标记的包裹，同时标记1~3号。

幼儿通过骑车、步行（爬山/过河/钻山洞）的方式到达自己送快递的地方（门号），然后沿原路返回。

【活动要求】

在活动中，幼儿要想送达地点，必须先看清路线图上的要求。三个送达地点在骑行结束后分别有一段不同的路，幼儿在此可搭车同行。幼儿根据包裹选择自己的路牌，通过某个具有挑战性的"道路"到达自己的快递投放点。一路上，幼儿要跨过"小河"、翻过"高山"、钻过"山洞"……才能到达投放点。

【观察指导要点】

（1）引导幼儿通过拎与掂量等方式体验不同重量，理解"轻""较重"和"重"的概念。

（2）观察幼儿拿上"包裹"的状态，适时鼓励幼儿选择更适合自己的"包裹"。

（3）引导幼儿能几人一组进行骑行，合作游戏，同时互相谦让，有默契地让车顺利前行，保证活动的安全。

（4）引导幼儿根据自身动作发展的情况及时调整跳、钻、爬、平衡等动作的难度。

【价值分析】

本区域活动中，幼儿通过各类基本动作的练习，提高了身体素质，同时培养了勇敢、协作等精神。

综合运动区：好玩的竹梯

【设计思路】

随着"勇敢的我"这一活动主题的开展，幼儿认识到了勇敢的小兔，了解到了如何勇敢地保护自己。围绕这一主题，抓住这一契机，设计了"好玩的竹梯"这一主题下的区域活动。

【环境创设】

（1）综合区的竹梯（竹竿两端分别用软布或海绵包裹扎紧，竹梯表面无尖刺，确保活动安全），每个竹梯的阶梯上贴有1~6数字。

（2）旧轮胎4~5个。

【活动要求】

在活动中，鼓励幼儿大胆探索不同高度竹梯的不同玩法（如垫高、平放、两架斜靠等），提高平衡走、跨跳、攀爬等多种能力和创新能力。让幼儿在游戏中感知6以内的数，体验创造性玩竹梯及与同伴合作游戏获得成功的快乐。

【观察指导要点】

（1）指导幼儿大胆探索不同高度竹梯的不同玩法。

（2）指导幼儿在活动中培养平衡走、跨跳、攀爬等多种能力。

（3）指导幼儿在游戏中感知6以内的数，体验创造性玩竹梯及与同伴合作游戏的成功的快乐。

（4）提醒幼儿在活动过程中学会等待，同伴间不推搡，合作游戏、玩耍。

【价值分析】

在这一主题区域活动中，带领幼儿尝试梯子和轮胎组合成的各种玩法，通过各类基本动作的练习，让幼儿体验区域活动快乐的同时增强了体质，成为勇敢的"我"。

六、教学论文

幼儿园体育区域活动材料开发与投放的策略

幼儿园体育区域活动是一种自主游戏，是幼儿通过与材料、与同伴互动进行的自发学习。老师对幼儿活动的影响更多是通过对材料的投放来实现，材料在幼儿体育区域活动中具有重要价值。那么，在体育区域活动中，如何开发和利用材料，有效促进幼儿的发展呢？

一、如何进行材料开发

（一）发现——材料的新用途

材料是被用于幼儿游戏的一切物品，因此应研究材料的特点和属性，将更多的材料应用于体育区域活动。我们发现，身边大量的本土材料、自然材料和废旧材料都可以成为体育区域活动的新材料，如一张报纸、一根竹竿、一个油桶、一条长凳、一块布条都可能是体育区域活动非常好的材料。我们发现、收集各种材料，把它们应用于体育区域活动中，同时师生共同探索材料的不同玩法，开发了竹木类、布质类、铁质类、球类、纸质类等多种类系列玩具和材料。

（二）挖掘——材料的多功能

一是将材料进行加工，挖掘材料的更多功能，如将竹子打磨晾晒后，制作成高跷、竹竿、竹棍、竹梅花桩等，增加辅助物，组合成新的玩法；二是对材料进行改进，体现层次性、趣味性，以适合不同年龄幼儿，如练习投准，调整为"大嘴笑哈哈"，嘴开口大小不同、摆放高低不一，喂食的沙包、布球规格也不同，激发了幼儿的兴趣，让不同发展水平幼儿都能找到适合自己的材料。

（三）创新——材料的新玩法

一是挖掘新材料、发现新材料；二是创造出材料的新玩法，体现一物多玩、和其他材料的重组，如一个小小的竹筛就衍生出向前滚、原地转、头顶、背背、做障碍物跳等多种玩法；一个自制的沙包，孩子们玩出了投掷、夹在两脚间行进跳、放在头顶平衡走、单人抛接、多人抛接、间隔跳、绕道走和跑等玩法；轮胎和竹梯、箱子组合，玩出了负重、平衡、攀爬、跳跃等更多的新花样。师生不断探索、创新材料的新玩法，激发了积极思考和幼儿自主探究的愿望，促进了幼儿多方面的能力发展。

二、如何合理投放活动材料

（一）研究材料所蕴含教育价值和可能实现的教育目标，有针对性地投放材料

投放什么样的材料就可能引发相应的活动，达到相应的目标。同一种材料，玩法不同，所蕴含的教育价值和可能实现的目标也不相同。因此，我们首先研究每一种材料的教育价值、不同玩法、适合的年龄，研究每一种玩法幼儿可以获得哪些发展。只有充分研究材料，了解了材料的价值功能，才能做到心中有数，有的放矢，如皮球游戏，小班的幼儿可以练习滚、接球，发展幼儿的手眼协调能力，体验活动的乐趣；中班幼儿可以尝试将球投进篮筐内，发展幼儿的上肢力量及手眼协调能力；大班幼儿可进行投准练习或拍球、花样拍球，双脚夹球往前跳，发展幼儿全身协调能力，有意识地控制出手角度能力及下肢力量。

同时，幼儿也会根据自己的兴趣需要选择对材料的操作方式，因此教师需要根据教育目标和幼儿发展需要有针对性地投放多种材料。如为了培养幼儿的协调能力和灵敏性，老师就可以针对性地提供揪尾巴、躲沙包、踢毽子、抛接球、跳房子等多种游戏的材料，有效地引导幼儿与材料的互动，同时观察幼儿喜欢哪些材料、有些什么玩法、哪些动作得到了发展、提高了哪方面的能力，以此作为投放、调节材料的有效依据。

（二）根据幼儿年龄特点和兴趣爱好投放材料，材料投放拓展幼儿的兴趣

培养幼儿对体育活动的兴趣是我们的重要目标，幼儿参与活动的兴趣及持久性与游戏材料的投放有着直接的联系，因此投放的材料要能激发、拓展幼儿的活动兴趣。

首先，根据幼儿的不同年龄特点及活动兴趣，投放材料。如练习跳跃，我们挂上小动物、响铃、色彩鲜艳的气球，吸引幼儿；练习投准，根据幼儿的年龄特点，投放了"移动投掷小背篓""打靶""小动物投掷箱"等不同层次性的材料，激发幼儿的活动兴趣。

其次，将材料和游戏情节相结合。在区域游戏中我们发现，幼儿对新材料特别有兴趣，但往往一段时间后就不太喜欢玩了，因此我们引导幼儿将新旧材料组合，产生新的玩法，或者将材料和情节有机结合，拓展幼儿的活动兴趣。

（三）投放低结构、非结构及组合材料，鼓励幼儿玩出新花样

在体育区域活动中投放材料的结构化程度高低直接影响着幼儿与材料的探究、互动。低结构、非结构的材料能够激发幼儿的创造想象，满足幼儿探索的愿望。

一方面，我们为幼儿提供大量低结构、非结构材料，鼓励幼儿探索多种玩法，让不同发展水平幼儿都能找到适合自己的玩法，满足发展需要；另一方面，为幼儿提供多种辅助材料、组合材料，鼓励幼儿在玩耍中，组合多种材料，产生新玩法、新挑战，

激发幼儿新的兴趣，让活动内容更丰富、更精彩。

（四）灵活调节、统筹安排活动材料

首先，在体育区域活动过程中，我们根据幼儿活动开展的具体实际灵活调整活动材料。当发现活动中材料过难，幼儿不感兴趣时，教师可以调整游戏材料，适当降低难度，如小班幼儿赶小猪的游戏材料，可将纸球替换为较大的小篮球，或将投放的小棍调整为羽毛球拍，使球和小棍（球拍）的接触面更大，从而降低难度，让幼儿产生成功体验，重新与材料互动；当游戏材料对幼儿来说缺乏挑战时，教师通过增加一些辅助材料，来增加材料投放的难度，如过小桥活动中提供更窄的桥面，投放竹梯、轮胎等，幼儿可以通过变形重组，让材料有新的挑战。

其次，我们还将材料统筹安排，定期进行更换与调整，及时增减辅助材料等，避免幼儿因玩同一材料时间过长出现不感兴趣的情况。

体育区域活动中，材料的投放是关键，我们研究材料、有效开发与投放材料，发挥了材料的隐形教育作用，有效促进了幼儿的发展。

（此论文于 2020 年 9 月在《教育导报》报刊上发表）

浅谈幼儿园户外体育区域活动的支持性策略

体育区域活动是根据幼儿园环境，因地制宜地把各种不同的户外场地创设成不同的运动区域，投放不同的材料，让幼儿自由结伴、自选内容、自主活动的体育活动形式。体育区域活动虽然强调幼儿的自主，但并不意味着教师作用的弱化，如何在体育区域活动中发挥教师的作用，助推幼儿的学习与发展？我们做了以下探索。

一、提供游戏资源

在体育区域游戏开展之前，首先要做好游戏前的准备，主要包括时间、空间、材料和幼儿的经验。

（1）保证时间：除班级自主安排外，幼儿园统筹安排每天的晨间活动和每周二、周五两个半天为全园性的体育混龄混班区域活动时间，保证了体育区域活动常态化开展。

（2）拓展空间：通过"挖、变、换"等多种方式，拓展运动空间。"挖"——充分利用立体空间，通过撤、移、建等方式，充分利用地面、墙面、角落等，拓展户外运动区域。"变"——一区多用。打破公共区域的固定功能，实现一区多用，灵活多变地创设活动空间。"换"——通过班级不同年龄幼儿之间的区域互换、共享，错时交换，实现场地的有效利用。

（3）提供材料：材料的不同特点和属性能引发幼儿不同的操作方式和活动，达到不同的教育目标。因此，我们研究每一种材料的教育价值，结合目标，有目的地开发和有针对性地投放材料。

（4）丰富经验：经验对幼儿游戏水平的提高有着重要的推动作用，为此我们结合游戏主题内容，关注幼儿的兴趣与需要，关注幼儿的已有经验，丰富幼儿的相关经验。

二、观察解读幼儿

实施指导，观察先行。细致观察幼儿在体育区域活动中的游戏行为是理解幼儿、找准介入时机的前提，是老师支持和指导幼儿的基础。

（1）观察方法：我们采用多种方法观察幼儿在体育区域活动的行为，如采用全面观察法，对体育区域活动各区域进行全面的观察，全面了解活动情况；采用个别观察法，对个别幼儿的活动情况进行多次追踪观察，了解其在体育区域活动中的行为表现、发展水平、个性特征和意志品质，作为调整活动目标、指导策略的重要依据，个别观察法是教师进行个案分析的重要手段；采用重点观察法，对活动的一组或几组幼儿进行有目的、有侧重的观察，包括幼儿的活动进程、材料使用、活动表现等。同时，教师在幼儿活动中或作为旁观者，或作为参与者多角度对幼儿进行观察，综合运用多种方法，力求准确解读幼儿，为有效介入奠定基础。

（2）观察重点：在体育区域观察中，我们主要从身体与运动、情感与态度、交流与交往、探索与认知、规则与习惯等方面对幼儿进行观察，重点关注以下几点：①幼儿经常选择哪些活动区域、哪些材料？对哪些材料或玩法感兴趣？兴趣持续时间如何？②幼儿的动作发展水平怎么样？③幼儿对材料有哪些不同的操作方式？使用器械及辅助材料情况怎么样？④幼儿运动中的专注程度、意志品质、个性品质怎么样？同伴交往、合作水平如何？

（3）观察手段：坚持客观、真实的原则，使用摄像、照相等还原幼儿在体育区域活动中的真实情景，分析解读幼儿。

三、把握介入时机

适宜的介入时机是保证教师介入行为有效的重要因素，教师的有效介入应该是适时、适当和适度的。

（一）结合幼儿动作发展水平，选择介入时机

对相同的材料，不同动作发展水平幼儿的玩法是不一样的，游戏水平也不一样。当幼儿的玩法、水平与其动作发展阶段性特征不一致的时候，需要老师进行分析，分析其动作发展水平，了解幼儿当前的兴趣，尊重发展差异，选择适当的时机为幼儿提供引导支持，帮助其进入最近发展区，循序渐进引导他们从原有水平向更高水平发展。

（二）解读幼儿言行，选择介入时机

以"打地鼠"纸布区新投放的宣传背景布做成的"打地鼠"材料，几个小伙伴把它铺到了地上，玩起了跳格子的游戏。

我走过去，试图把布拉起来让他们发现这是一个打地鼠的材料，可是他们继续跳房子没理我。我突然意识到此刻他们并不需要我，于是在旁边观察。

玩了好一会儿，西西又发现，这张大布的四个角上有绳子，四个小朋友各自抓住绳子，把这块布绷了起来，几个男孩子跑过来躲在下面，眼尖的蕾蕾发现了旁边的充气棒，他们玩起了打地鼠的游戏。又过了好一会，西西觉得没意思想离开了，这时我

和配班老师加入了他们，我们将布举得一边高一边低并不断变换，难度一增加，又激发了幼儿新的兴趣。

在幼儿玩得差不多的时候，我又把这块布挂了起来，变成了一个投篮网，幼儿找来布球、纸球，又开始玩起了投篮的游戏……

在这个案例中，教师发现幼儿对新材料的态度与自己预期的游戏玩法不太一致的时候，想到的是马上介入幼儿的游戏，告诉幼儿游戏的玩法，但幼儿对于教师的介入置之不理，让教师意识到这是一次"无效介入"，于是立即退出了幼儿的游戏，观察幼儿。当幼儿通过自己的观察，玩起了打地鼠游戏时，教师继续观察，在发现幼儿游戏兴趣逐渐减弱时，教师把握了介入的时机，和配班教师一起通过调整游戏材料的难度来成功激发起幼儿新的兴趣。这次介入推动了游戏的发展，帮助幼儿获得了新的经验，是一次有效的介入。

为此，我们总结出教师有效介入幼儿游戏的依据：①介入是否顺应幼儿的游戏意愿，让幼儿所接受；②介入是否能支持幼儿解决难题，获得新的经验；③介入是否能提高游戏兴趣、推动游戏发展；④介入是否能协调解决问题，保证游戏的正常进行。

同时，教师在介入时需要考虑：幼儿需要怎样的帮助；介入的方式；介入后可能会引起的反应；介入是否留给了幼儿独立思考的时间；教师退出后幼儿游戏能否继续等。

（三）发生突发事件，需要及时介入

当游戏中发生突发事件，如出现不安全因素、幼儿出现攻击性行为、幼儿游离于自主活动等，需要教师立即介入。

四、适时回应支持

（一）明确教师的角色定位，尊重幼儿的主体地位

体育区域活动作为自主活动，教师需要把握幼儿身心发展的特点，理解自主游戏的特点，在此基础上，准确认识自己在自主游戏中的定位，以观察者、支持者、引导者、参与者等多种角色，适时适宜地回应和支持幼儿游戏。

（二）利用材料环境，支持指导幼儿

1. 利用材料激发幼儿的游戏兴趣

在体育区域活动中，幼儿对材料不感兴趣或兴趣发生了变化，于是我们投放了颜色鲜艳、形象生动、有声响等符合幼儿年龄特点的新材料激发幼儿的兴趣；或利用材料引入游戏情节，如在车行区利用皮球及时加入快递员的游戏情节，重新激发了幼儿的游戏兴趣；或改变材料难度，设置不同玩法，激发幼儿兴趣。

2. 利用材料调节幼儿游戏行为

第一，利用材料帮助幼儿掌握动作要点。在体育区域活动中，一些动作的难点，往往不易掌握，我们主要利用材料来帮助幼儿掌握动作要点，如为了让幼儿掌握投掷的角度，教师在投掷方向的前面挂上一根绳子，把投掷的角度通过绳子具体化，更容易让幼儿掌握。

第二，利用材料调控幼儿的行为。在户外体育区域活动中，幼儿对新材料或喜欢的游戏往往会玩得过度兴奋，不太能控制自己的行为，存在如活动量大、易发生碰撞等安全隐患。单纯的语言提示，有时达不到预期的效果，强制性的命令又可能约束和控制幼儿，这时通过材料来指导和影响幼儿，如针对幼儿开小车活动量大、容易发生碰撞等问题，教师提供了拱形门、竹梯、长凳、木墩、大型玩具等材料，引导幼儿搭建了山洞、S形的弯道、加油站等，玩起了车队的游戏，调整了活动量，同时提高了幼儿的兴致，活动也变得更加有序。

（三）利用伙伴因素，指导支持幼儿

同伴群体是非常重要的教育资源，混龄混班体育区域活动为不同年龄、不同班级的幼儿相互学习提供了很好的机会。我们充分利用伙伴因素，通过大带小、同伴互助等活动，促进同伴之间的相互观察、模仿、学习，提高运动技能，激发参与体育活动的热情，培养勇敢精神，同时培养了幼儿的交往、合作能力，促进幼儿能力互补，共同发展。

（此论文于 2020 年 11 月在《教育导报》上发表）

关注最近发展区，循序渐进促发展

【摘要】

在体育区域活动中，幼儿能充分发挥自己的自主性参与活动，但教师也面临着更大的挑战：应该如何根据每个孩子的具体情况采取有针对性的策略，支持和引导他们朝自己的最近发展区发展，以自身的速度和方式达到《3~6 岁儿童学习与发展指南》所呈现的发展阶梯？本文试着通过一个案例来阐明自己的观点。

【关键词】最近发展区；循序渐进；体育区域活动；发展

【正文】

案例背景：

《3~6 岁儿童学习与发展指南》健康领域的教育建议中指出："激发幼儿参加体育活动的兴趣，养成锻炼的习惯。""为幼儿准备多种体育活动材料，鼓励他选择自己喜欢的材料开展活动。"体育区域活动能很好地促进幼儿基本动作及平衡能力、协调能力的发展，但每个幼儿在发展的过程中，达到某一水平的时间并不完全相同，教师如何根据每个孩子的具体情况采取有针对性的策略支持和引导他们朝自己的最近发展区发展，以自身的速度和方式达到《3~6 岁儿童学习与发展指南》所呈现的发展阶梯，这是我们一直都在探讨的问题。下面分享我班在综合运动区游戏中，教师如何关注幼儿的最近发展区，循序渐进促进幼儿平衡能力发展的一个真实案例。

案例描述：

潼潼和梯子桥：潼潼是我们班上年龄较小的一个女孩，她胆子很小，平衡能力、身体协调性都比较差，每次在活动的时候，总是不喜欢参与游戏。她在每次户外体育区域活动的时候，都只在综合运动区，在这里做得最多的事情不是自己玩耍，而是看别人怎样玩耍，当看到别人玩得高兴的时候，就很开心地跟着别人一起笑；看到别人接受挑战的时候，就为他们担心不已……可每次我尝试着让她加入的时候，她总是摇摇头躲开。

今天的综合运动区有各种形状、不同尺寸的竹梯、木梯、木块、木墩、轮胎、垫子以及木板、长凳、平衡木……宇宇和珉在搬来了梯子和轮胎，看样子是准备搭一座桥，他们多搬了一把竹梯放在一边的空地上，没有用到。潼潼在旁边看他们玩，仍然不加入任何游戏。过了好一会儿，她四顾无人后开始晃晃悠悠地走上了摆在一旁的梯子，刚走了几步，因为身体平衡能力不好，就滑了下来，她小心地望了望四周，确定没有人关注到她，才又开始尝试着走上了"小桥"，走上去她还是滑了下来，当她第三次走上小桥的时候，脚一半踩在地上，一半踩在梯子上，终于通过了这座小桥，她觉得很高兴。

分析：虽然潼潼每次都只是看别人参加活动，但其实看也是她的一种学习方式，她在"看"中不断积累和思考，为某一天的"厚积薄发"储蓄能量。我虽然希望她能够积极参与游戏，但是正如《3~6岁儿童学习与发展指南》所说："每个幼儿在沿着相似进程发展的过程中，各自的发展速度和达到某一水平的时间不完全相同。要充分理解和尊重幼儿发展进程中的个别差异，支持和引导他们从原有水平向更高水平发展。"所以，面对潼潼的"无所事事"，我仍然选择的是在观察和等待中正确把握潼潼的当前发展水平。

"功夫不负有心人"，终于等来了潼潼第一次主动的游戏尝试。虽然这次尝试没有任何人关注，在和别的小朋友相比甚至也算不上什么特别，但是从潼潼自身的发展来看，却是一个了不起的进步。我把握住潼潼发展的这个关键时刻，采取针对性的措施，促进潼潼的发展。

潼潼和木桩桥："也许我现在可以做点什么了！"看到潼潼终于迈出了难能可贵的第一步，我心里想到。我四处搜寻着和潼潼最要好的晓熙，她正在搬木桩，把它们放在地上连续地摆成一排，准备搭一座木桩桥。我鼓励晓熙去邀请潼潼帮忙搭桥，或许是因为才经历了一次小小的成功（虽然是没有人关注的成功），潼潼的心情特别好，于是和晓熙一起搬木桩来摆在地上，晓熙先走上去，顺利地通过了，潼潼很犹豫，一直不肯上桥。

在晓熙的鼓励下，潼潼走上了木桩桥，她小心翼翼地走着，但没走两步就摔了下来。"潼潼，如果你把手这样平举起来像开飞机一样慢慢地走，会要好一点哦！"在同伴的鼓励下，潼潼又走上了小桥，她用上了晓熙的经验：展开双臂、一步一步横着并步走，慢慢地通过了这座木桩桥，兴奋之情溢于言表。

分析：以前我每一次试图引导潼潼参与游戏的时候，她总是很惊慌，躲得远远的。在潼潼迈出了难能可贵的第一步后，我告诉自己必须把握这个教育契机，有效介入游戏，推动她的发展。在把握潼潼当前水平的基础上，我选择从同伴身上入手，利用同伴互助的方式，引导潼潼掌握平衡要领，降低了难度，先进行15厘米高度的平衡练习，支持潼潼的进一步发展。对于潼潼这样胆小的孩子，同伴的帮助往往比老师的引导更让她觉得轻松。潼潼对于最好的朋友没有排斥，怀揣着第一次成功的小喜悦，她加入了同伴的游戏之中，在同伴的帮助下，大胆地开始了另一次的尝试，学会了"双手张开，一步一步并脚走"的要领。

潼潼和奶粉罐桥：接下来的几周，潼潼玩木桩桥的热情有增无减。她已经能够很平稳地过桥，游戏不再深入。我想了想，不动声色地搬来了很多奶粉罐，在他们的旁边重新搭了一座桥，但是这座桥不像她们的木桩桥那样直，而是有很多弯度，我对潼潼说："你们可以来试试我的桥。"她们走上了这座更高的（25 厘米）曲线小桥。潼潼经过了好一段时间的反复练习，才终于顺利通过。

在潼潼已经能平稳地走过奶粉罐桥的时候，我觉得应该再推她一把。奶粉罐被我拉开了一定的距离，新的挑战又来了！有了之前的经验积累，潼潼竟然一次就慢慢地通过了。我又加宽了奶粉罐的距离，潼潼一次又一次地迎接着新的挑战。

在潼潼又一次顺利完成在有一定间隔的物体上平稳走的动作后，我问潼潼："还想接受更大的挑战吗？"潼潼点点头，于是我们一起用雪糕筒搭成了桥。面对这座高度增加、接触面更小的桥，潼潼信心满满。

分析：在潼潼和晓熙接连重复玩了好几周的木桩桥游戏后，潼潼已经能够较平稳地走过木桩桥了，但是她们的游戏就仅止于此，不再深入。我关注到了这一点后，又开始思考：如何以一个适合的方式传递游戏智慧，推动潼潼平衡能力的进一步发展？最终我选择以平行游戏者的身份介入，通过调整"桥"的高度、弯度、接触面、间隔大小等不断增加难度，引导潼潼进行由易到难的平衡练习，逐步推进其平衡能力的发展。

大家的组合桥：潼潼的桥吸引了更多的小朋友。"或许你们可以搭更多的桥！"在我的建议下，潼潼主动去找其他小伙伴，他们扛木梯、木板，搬竹梯，滚轮胎……轮胎桥出现了，木凳桥出现了，轮胎梯子桥、斜坡桥出现了，更厉害的是用棚梯和木板搭成的桥。这些桥和刚才的木桩桥、奶粉罐桥、雪糕筒桥全都组合在了一起，孩子们几乎全都参与了进来，潼潼也不例外。她和小伙伴一起勇敢地走过木桩桥、雪糕筒桥、轮胎桥、木凳桥、绕过障碍……到了棚梯桥的时候，潼潼还是有点害怕，大家一起相互鼓励，使她再一次成功挑战自我。

在我的启发下，孩子们不断挑战着高度和难度：将搭在棚梯第一格的桥搭在第二格甚至第三格；将较宽的木板桥面换成窄的；改变木桩桥、轮胎桥之间的距离，将一个轮胎的桥墩换成几个轮胎重叠的桥墩……大家互相鼓励，进行了一场前所未有持久的"桥的游戏"。潼潼每挑战成功一次，都会露出灿烂的笑脸。看着身体平衡能力和协调能力都不断增强、越来越自信的潼潼，我也不自觉地露出了笑脸。

分析：潼潼的桥引起了孩子们的兴趣，而我的一句话则激发了大家的搭建热情。看着潼潼和小伙伴们相互鼓励、相互支持、相互学习，积极想办法解决问题，学会了合理使用材料，在游戏中、玩耍中获得有益的经验，这样的经验是我们教师所无法传授的。教师应在活动过程中适时介入，给予适当鼓励、指导和帮助，促使幼儿不断朝自己的最近发展区迈进。

案例反思：

胆小的潼潼从平衡能力差到平衡能力逐步增强，从不参加游戏到被动参与游戏再到主动和同伴建构游戏，从自卑到逐渐自信，这是一个多么了不起的转变！教师面对着这些有着个体差异的幼儿，通过有效介入，不断调整材料，把握幼儿的最近发展区，循序渐进地引导幼儿以自身的速度和方式，终于逐步达到了《3~6岁儿童学习与发展指南》所呈现的发展"阶梯"。这让我们懂得，幼儿能力的发展是一个循序渐进的过程，而教师促进幼儿能力的发展也是一个循序渐进的过程。这个案例带给了我以下思考：

（1）观察等待，把握教育契机。对于发展速度和学习方式不同的幼儿，教师首先应该学会观察和等待，敏锐察觉幼儿之间的个体差异，因人而异，因材施教，并学会把握偶发事件中隐含的教育契机，抓住发展的关键时刻，提供适宜刺激，满足发展需要。

（2）降低难度，引发参与兴趣。教师应在发现幼儿发展水平的差异时，通过适当降低材料的难度，让发展相对滞后的幼儿体验成功，引发幼儿的参与兴趣。

（3）有效介入，积极推动发展。教师在游戏活动中应关注幼儿的表现和反应，敏感地察觉他们的发展需要，把握幼儿发展的实际情况，针对不同的个体，充分发挥同伴的互助作用，利用能力较强的幼儿带动能力较弱的幼儿发展，还可以选择以与幼儿同样的身份介入，通过语言和行为对幼儿游戏进行指导，传递游戏智慧，推动幼儿发展。

（4）由易到难，梯度投放材料。幼儿能力的发展是一个循序渐进的过程。通过由易到难的分解，在幼儿已经掌握某一动作的时候，教师应及时改变材料的投放方式，使其呈现一定梯度，循序渐进地促进幼儿能力的发展。

【参考文献】：

[1] 段春梅.幼儿园户外体育区域活动的教与学 [M].北京：北京师大出版社，2010.

（此论文获得四川省论文比赛一等奖，并于2016年1月在《四川教育》发表）

区域体育活动在幼儿发展过程中的价值体现
——基于一次区域体育活动的微探

【摘要】

区域活动以其自由性、自主性和指导的间接性、个性化特征，与我们幼教改革的理念不断契合，从而得到了较广泛的发展。但真正审视我们的幼儿园活动计划和活动过程，"区域活动"仍未充分发挥其作用。如何使区域活动的教育价值得到充分挖掘和发挥？本文辟一隅而探之，以一个区域体育活动实例为基础进行微探，探究其在幼儿社会性、意志品质等方面的价值体现，期望以小见大，激起幼儿教育者对区域活动在幼儿发展过程中的价值进行反思和审视，使幼儿能在一个更为广阔的空间中身心和谐地健康发展！

【关键词】区域体育活动；幼儿；发展；价值体现

【正文】区域活动也许算不上是一个新鲜的话题。它作为一种教育思想，由蒙台梭利首次提出，即尊重幼儿的需要和兴趣，自由组合，采用不同的学习方式、内容，开展适合个别需要的活动。这种盛行于国外幼教领域的区域活动模式在 20 世纪 90 年代初被"舶"到中国来。

一、实例描述

体育区域活动开始了，今天带领大班小朋友们活动的区域是综合建构区。综合建构区内刚投放不久的木块、木板、轮胎、梯子等极具自然形态的低结构材料十分吸引幼儿。准备活动后，孩子们便迫不及待地自主玩起来。有的用木块搭、有的用轮胎滚、有的用梯子抬……

可是过一会儿，何谚祖小朋友的玩法吸引了我的目光。只见他吃力地想将两个轮胎叠起来，可是尝试两次都没有成功。我正想要不要去帮助他的时候，何谚祖却主动请身边的两个小朋友帮忙，成功地将两个轮胎叠起来。接着，几个小朋友又去搬来一个梯子，一头靠在轮胎上玩起了"爬梯子"。只见几个小朋友弓着背，一步一步地爬上去，然后从轮胎上跳下来。看到这么好玩，好几个小朋友也过来加入了这个队伍中。

"是安全的！看你们能玩出什么花样来？"我心里暗暗想，但也加强了对他们的关注。果然不辜负我的期望，小朋友们玩了一会儿，其中的邓思哲小朋友就大声建议说："我们搭座桥吧！"这一建议得到了小朋友们的一致认同。只见他们一个个都动起来，很快就搬来了两个轮胎放在了梯子另一头的下面，一座"桥"就搭好了。孩子们觉得还不够长，又搬来两个轮胎和一个梯子将"桥"延长，两边又斜搭了两个梯子。

我被这座"雄伟"的桥震惊了，也为自己的"守望"暗自欣喜。见有些地方没有靠牢，我赶紧走过去帮忙，也对他们大胆的创意进行了赞扬。这座桥吸引了班里的许多小朋友，一个个排好队，弓着背爬上去，一步步走过长桥。有些小朋友走得颤颤巍巍的，让我在旁边看得十分担心。就想着在旁边扶他们过桥，可勇敢的孩子们却都不愿让老师扶，快要站不稳的时候就轻轻跳了下来，重新又来。有的小朋友下梯时较慢，后面的小朋友就耐心等待……

二、案例分析与价值体现

这是发生在我园区域体育活动中的一个真实案例，有些冗长杂乱，也许幼儿教育者都有"雷同"之感，但审视这个案例却让我们想到了很多。

（一）区域体育活动中幼儿身体素质的发展

发育良好的身体、愉快的情绪、强健的体质、协调的动作、良好的生活习惯和基本的生活能力是幼儿身心健康的重要标志，也是幼儿学习和发展的基础。《3~6 岁儿童学习与发展指南》明确要求，要"开展丰富多样、适合幼儿年龄特点的各种身体活动""发展身体平衡和协调能力""发展动作的协调性和灵活性"。

区域体育活动，以其开放、自主的特点充分激发了幼儿的兴趣，让幼儿在自由、快乐的活动中，完成走、跑、跳跃、投掷、爬、平衡等身体动作的练习，增强了幼儿的体质，促进了幼儿身体素质的发展。

（二）区域体育活动中幼儿的社会性发展

幼儿的社会性特征也总是在与一定的社会环境的相互作用之中而得到发展的，正如《3~6岁儿童学习与发展指南》指出："幼儿的学习是以直接经验为基础，在游戏和日常生活中进行的。"区域体育活动就如同一个小小的社会形式，营造了宽松、自然的活动氛围，提供给幼儿更多的交往、合作、解决问题的实践机会。幼儿在与环境、教师、同伴的交往中，不仅学习如何与人友好相处，也在学习如何看待自己、对待他人，从而不断培养适应生活的能力，为形成健康人格奠定基础。

在案例中，孩子们在体育区域活动中不以自我为中心，互相学习，乐于帮助；学会分享与合作，共同搭建"雄伟"之桥；学会遵守规则，排队上桥，其实也就在潜移默化中促进了幼儿社会性的发展。

当然，幼儿年龄特点所决定的认知水平导致了幼儿对某些问题的认知和解决能力不足。教师作为区域活动中的引导者、观察者、合作者、支持者、欣赏者，对幼儿活动进行适时的介入和评价，对幼儿认知系统中矛盾的、不稳定的、不明确的方面加以引导，从而使每一个幼儿都能得到良好的社会性发展。

（三）区域活动中幼儿的意志品质发展

在案例中有这样一些细节。

细节一：何谚祖小朋友独自搭建时，想将两个轮胎叠起来，可是尝试两次都没有成功，却依然没有放弃。

细节二：小朋友们玩了一会儿，其中的邓思哲就大声建议说："我们搭座桥吧！"这一建议得到了小朋友们的一致认同。只见他们一个个都动起来，很快就搬来了两个轮胎放在了梯子另一头的下面，一座"桥"就搭好了。

细节三：有些小朋友在桥上走得颤颤巍巍的，让教师十分担心，害怕幼儿从上面摔下来。可他们不让教师扶，快要站不稳的时候就轻轻跳了下来，重新又来。有的小朋友下梯时较慢，后面的小朋友就耐心等待……

人的意志品质不是天生的，而是在实践中逐步形成的。心理学家指出，3~6岁是幼儿意志品质养成的关键时期。我国古代教育家孟子说过："天将降大任于斯人也，必先苦其心志，劳其筋骨，饿其体肤，空乏其身，行拂乱其所为，所以动心忍性，曾益其所不能。"但反观当下幼儿的现状，大多都表现得自我、固执等，十分令人担忧。因此，加强幼儿的意志培养，使他们具备良好的意志品质具有深远的意义。

在宽松和谐的体育区域活动中，幼儿通过不断尝试逐渐培养自信、坚持的品质；在群体和规则的内在监督下学会了耐心与谦让，还有积极探索、不怕挫折等意志品质都在体育区域活动中得到了良好的发展。

（四）区域体育活动中幼儿的创造能力发展

幼儿期是创造性思维形成的黄金时期。《3~6岁儿童学习与发展指南》指出："要充分尊重和保护幼儿的好奇心和学习兴趣，帮助幼儿逐步养成积极主动、认真专注、敢于探究和尝试、乐于想象和创造等良好学习品质。"体育区域活动倡导的是"自主、专注、愉悦、探究"的价值取向，具有自由、自主、开放的特点，是培养幼儿创造力的良好载体。

案例中，且不说幼儿在一开始进行体育区域活动时，充分运用材料，想到了各种各样的玩法，单看这座"桥"的诞生就激荡着孩子们智慧的火花、创造的火花。孩子们在体育区域活动中自由游戏，快乐探究，想象和创造能力得到了充分发展。

综上所述，体育区域活动具有幼儿教育的整体功能，对幼儿身体素质、社会性、意志品质和创造能力等方面的发展都发挥着极为重要的作用。重新审视和反思，让我们更充分地挖掘和发挥体育区域活动在幼儿发展中的价值，让幼儿在一个更为广阔的空间中更自主自由、身心和谐地发展！

（此论文为四川省高等学校人文社会科学重点研究基地农村幼儿教育研究中心项目《农村幼儿园体育区域活动的实践研究》课题中期成果；项目编号：MYJ20140602，并于2015年9月在《四川教育》发表）

在体育区域活动中促进幼儿社会性发展微探

幼儿期是幼儿社会性发展的重要时期，幼儿社会性发展是幼儿未来发展的重要基础。《3~6岁儿童学习与发展指南》指出，家庭、幼儿园和社会应共同努力，为幼儿创设温暖、关爱、平等的家庭和集体生活氛围，建立良好的亲子关系、师生关系和同伴关系，让幼儿在积极健康的人际关系中获得安全感和信任感，发展自信和自尊，在良好的社会环境及文化的熏陶中学会遵守规则，形成基本的认同感和归属感。因此，幼儿教育必须关注幼儿社会性的发展。

幼儿园体育区域活动是一个促进幼儿整体性发展的重要的活动形式，促进了幼儿身心全面和谐发展。在此，仅以我班幼儿为对象，侧重于对促进小班幼儿的社会性发展微探，从而让幼儿在体育区域活动得到更为全面和谐的发展。

一、对幼儿进行体育区域活动时社会性发展调查

也许这一调查分类不够详尽，主观判断占较大部分，但通过调查表（表5-7）不难发现，我班幼儿的社会性发展不平衡，部分幼儿发展较差。究其原因，我班幼儿基本为独生子女，是爸爸妈妈、爷爷奶奶眼中的"王子""公主"，都被照料得很细致。而这种"过于保护"的家庭教育模式造成孩子以自我为中心，不会关心、尊重他人。再加上孩子的日常生活事务都由家长包办代理，且活动还受到父母的诸多限制，不允许"玩"这，不准"做"那，怕有危险、出意外，因此造成幼儿社会性发展的缺失。

表 5-7　社会性发展调查表

	目标描述	达到 /%	基本达到 /%	未达到 /%
人际交往	目标一：愿意与人交往	75	20	5
	目标二：能与同伴友好相处	60	20	20
	目标三：具有自尊、自信、自主表现	60	25	15
	目标四：关心尊重他人	50	30	20
社会适应	目标一：喜欢并适应群体生活	90	5	5
	目标二：遵守基本的行为规范	60	30	10
	目标三：具有初步的归属感	90	5	5

二、幼儿园体育区域活动是促进幼儿社会性发展的重要活动形式

体育区域活动是通过教师有目的、有计划地创设活动环境，投放活动材料，让幼儿在宽松和谐的氛围中，自主选择活动内容和合作伙伴，主动进行探索与交往，以达到最佳的学习效果，深受幼儿喜爱，是每个幼儿园进行教学活动的常用方式。幼儿园区域活动之所以能促进幼儿社会性发展，是因为它强调幼儿人际交往能力和社会适应能力的培养。

（一）强调幼儿人际交往能力的培养

人的行为都不是孤立的，都带有一定的社会性。社会学将这种指向他人并以他人的符合自己预想的反应为目的的行为称为社会行动，当双方相互采取了社会行动时，则形成了社会互动。幼儿园体育区域活动强调社会互动能力的培养，一方面，在体育区域活动中，幼儿不是孤立地进行活动。幼儿为了完成某项活动内容，需要进行分工配合，在分工合作的过程中幼儿之间需要交流互动，交流互动的过程也是幼儿社会互动能力的过程；另一方面，在体育区域活动中，幼儿需要学会如何处理冲突。活动中，因为幼儿自主选择材料，则可能发生幼儿之间的冲突问题。例如，两个幼儿同时喜欢同一个体育材料，或者同时需要使用同一件工具。面对这种情况，幼儿之间需要尝试通过协商、谈判、讨论等多种方式解决冲突，而解决冲突能力的培养也是幼儿社会化过程中的重要内容。

（二）强调幼儿社会适应能力的培养

每个人在社会中都有相应的社会角色。幼儿的社会性发展主要通过社会角色的扮演来实现，区域活动为幼儿社会角色扮演提供了平台。在传统的幼儿园教学方式中，幼儿承担的社会角色较为单一，仅仅是学生的角色。而通过幼儿区域活动扮演，幼儿在不同类型的区域中，参与了解到多种角色的社会基本要求。例如，传统教学活动中，幼儿往往被教育"红灯停、绿灯行"，但是缺乏实际操作的经验。而在体育区域活动中，幼儿通过"推小车""滚轮胎"等活动，都能了解到交通规则的基本内容，并认识到遵守规则的必要性以及违背规则可能受到的惩罚。有一次，丫丫的爸爸很兴奋地告诉我："你们老师真行，孩子在幼儿园短短一个月学了不少东西。周末我带她出去玩，一边开车一边和她说话，突然丫丫大声喊爸爸你不能闯红灯！回家还向妈妈告状

说爸爸今天做错了事，闯了红灯。"孩子能把在体育区域活动中的经验运用到现实生活中去。

三、在体育区域活动中促进幼儿社会性发展的策略

在幼儿园区域活动开展中，要创设有利于幼儿社会性发展的区域活动环境，以幼儿的社会性发展为本，营造轻松的活动氛围，同时教师在区域活动中要合理的引导。

（一）以幼儿为本位，营造轻松氛围

体育区域活动氛围宽松，形式多样，幼儿可以自由选择玩什么和怎么玩，在没有压力的环境中获得经验，体验成功和愉悦。因此，在体育区域活动中，教师应尊重幼儿的意愿，激发幼儿探索的欲望，培养幼儿的自主性和创造性。要促进幼儿社会性的发展，幼儿园区域活动要以幼儿为本位，为幼儿营造轻松的活动氛围。区域活动过程是幼儿与教师共同建构的，要建立起一种平等的师生关系，平等的师生关系有利于营造轻松的区域活动环境。

（二）适时介入，合理引导

教师作为区域活动中的观察者、支持者，在指导幼儿的体育区域活动中，不仅要观察幼儿的活动与兴趣点，也要了解当前幼儿已有的经验，掌握幼儿的最近发展区，在适当的时机给予适时的帮助。但幼儿在活动中遇到困难时，教师要学会等待，不要急于介入幼儿的活动，要给幼儿以充分操作和探索的时间和空间，使其尽可能地自己发现问题、解决问题，形成自己独有的经验，如果教师急于介入幼儿的活动，幼儿反而会产生依赖心理，不利于区域活动的开展。

幼儿的全面发展离不开幼儿社会性的发展，学前阶段是人的社会性发展的关键阶段，这一阶段注重培养幼儿的社会化能力对幼儿终身的发展有重要的意义，幼儿园体育区域活动是幼儿园教育的重要形式，通过幼儿园区域活动能有效促进幼儿的社会性发展，在开展幼儿体育区域活动过程中，通过各种措施促进活动的有效进行，为幼儿社会性发展提供条件。

（此论文获得四川省论文比赛一等奖）

浅谈在体育区域活动中幼儿主体性的培养

【摘要】

幼儿是在与周围环境相互作用中积极建构知识和发展自我的，作为教师应充分发挥幼儿的主体作用，给幼儿一个自主、自由的成长空间。教师是儿童发展的促进者，教师应为幼儿提供安全、温馨的心理环境，让幼儿在活动中充分显示出能动性、创造性和独立性，引导幼儿主动学习、主动发展。那么，如何在体育区域活动中培养幼儿的主体性呢？本文主要从精心设计环境、用心激发兴趣、全心提供空间、生生互动四个方面进行阐述。

【关键词】体育区域活动；幼儿园；主体性

【正文】

把幼儿培养成为健康活泼、好奇探究、勇敢自信、乐于创造的人是当今幼教工作的首要目标，而培养幼儿的主体性则是目前保教工作的重点之一。所谓幼儿的主体性，是指幼儿在活动中表现出来的自主性、能动性和创造性，培养幼儿的主体性实质上就是培养幼儿的学习潜能，保证其可持续发展。

相对于其他形式的体育活动而言，体育区域活动具有自主性、丰富多样性、针对性、灵活性的特点，把体育活动的主动权交给幼儿，重视并发挥幼儿的主体作用，增强幼儿主体参与意识与能力，激发幼儿对体育区域活动的兴趣，在自由、自愿、自主的活动中，幼儿能与同伴一起投入地进行各种体育区域游戏，并会创造性地探索和思考多种玩法。那么，应如何在体育区域活动中培养幼儿主体性呢？可以从以下四个方面进行。

一、精心设计环境——培养幼儿主体性的前提

对体育区域活动来说，环境是幼儿的活动空间，幼儿的发展是在与环境的相互作用中实现的，所以精心设计体育区域活动环境是让幼儿自主参与的前提。首先，我们根据幼儿园场地的大小、位置合理规划体育区域场地，设置有民间区、球区、综合区、车行区等，在幼儿园整体环境上也进行精心布局：在操场的草地上安装两套大型玩具，鲜艳的色彩、多种玩乐功能常常让幼儿玩得不亦乐乎，并在不知不觉中发展了钻、爬、攀登等基本动作和运动能力。其次，充分利用园内一切空间，构建能让幼儿随时参与体育区域活动的环境：画在走廊上的"格子图"，挂在墙上的"投篮器"、放在场地上的"摇摇椅"……形成了一个个体育区域活动公共区域。另外，每班教师根据本班的实际情况自制不少体育玩具：布条编的"尾巴"、酸奶瓶串的"拉力器"、旺仔罐搭的"独木桥"、废布缝的"飞碟"等，既制作简单，又可以和其他班级交换使用，达到资源共享的目的。丰富的品种满足了幼儿活动的要求，大大调动了他们参与体育区域活动的积极性和主动性。

丰富的物质环境必不可少，良好的心理环境更能促使幼儿主动参与体育区域活动，幼儿只有在和谐、宽松、愉快的活动氛围中，心理上有安全感，才能无拘无束地去玩耍、去探索。苏霍姆林斯基精辟地指出："儿童从一个好老师那儿很少听到禁止，而是经常听到表扬和鼓励的话。"可见，教师首先要多给幼儿一些表扬和鼓励的话语，同时应注意不仅要在幼儿获得成功时给予表扬，在幼儿遭遇失败时更要及时给予关心和帮助，真正接纳每一个不同发展水平的幼儿，鼓励他们不断地尝试和练习，微笑着、耐心地等待幼儿的每一个进步。对于把运动器械"弄坏"的幼儿，不要急于训斥，而要先弄清"来龙去脉"，引导他们纠正活动方法，甚至在某种意义上给予一定的支持。

二、用心激发兴趣——培养幼儿主体性的动力

在幼儿园体育区域活动中，我们经常会发现总有几个孩子闲在一边无所事事，这就是幼儿对这个体育区域活动不感兴趣的表现。兴趣是幼儿主动参与活动的主要动力，幼儿兴趣指向易受暗示，有特殊的从众心理，他们最喜欢和教师一起玩，教师的参与总能掀起一个小高潮，其效果远胜于呆板的灌输式教育。因此，教师首先要用自己对体育区域活动的兴趣来感染幼儿，如第一次玩滚筒游戏时，大多数幼儿普遍感到胆怯，不敢玩。于是教师编了一首儿歌："大滚筒，圆溜溜，钻进去，走一走。手一动，脚一踩，咕噜咕噜向前滚。"然后，邀请另一位教师参与比赛，看看谁的滚筒先到达终点。在孩子们越来越响亮的"加油"声中，胆怯被赶走了，他们自然就争先恐后地抢着要玩。

只有选择幼儿感兴趣的方式使用体育器械才能维持幼儿的兴趣，提高幼儿活动的自主性。比如，在体育综合区玩"摘桃子"的游戏，固定地向前跑、原地跳、用力摘的枯燥形式幼儿玩了一会儿就不积极了，因为他们感兴趣的是摘到"桃子"了而不是重复地跑、跳、摘。如果教师让幼儿追逐"逃跑"的"桃子"，并在吊着"桃子"跑时，注意让"桃子"不时"休息"一会儿，时高时低吸引孩子们努力地跳起来摘，这样巧妙地把跑、跳的基本动作和技能练习融合在幼儿喜欢的游戏中，能使他们始终保持浓厚的兴趣积极参加体育区域活动。

三、全心提供空间——培养幼儿主体性的根本

想要让幼儿自主活动就不要过多地给予照顾，应多让他们自己做主。在体育区域活动中，教师为幼儿提供自由选择的空间是幼儿自主活动的根本，不仅能帮助幼儿肯定自己是重要的、有创造力的主体，还可以增加幼儿探索和表现自己的机会，有助于幼儿主体性的培养。

例如，在体育区域活动中，如果为了避免组织上的混乱，由教师指定体育活动区域、固定的体育器械和活动地点，这样做乍一看是有条不紊，实际上却在无意间忽视了幼儿真正的想法，剥夺了他们选择的权利，结果有的幼儿如愿以偿，兴高采烈；有的幼儿却大失所望，无精打采，使活动效果大打折扣。后来改为由幼儿自己选择体育器械，自己找理想而又安全的地方玩，结果是皆大欢喜。即使有个别幼儿争抢玩具，最后也总能自己商量着解决问题。这种做法真正体现了以幼儿为主体的宗旨，达到了教师省心、幼儿开心的目标。

四、生生互动——培养幼儿主体性的重要途径

在体育区域活动过程中尽可能地为幼儿提供同伴间的交流和合作活动是十分必要的。作为体育区域活动中的一员，幼儿的活动容易受他人影响，同样也影响着其他幼儿。因此，教师应抓住时机鼓励幼儿相互启迪、学习，这样才能激发幼儿的活动兴趣，培养其自信心。教师可以让幼儿当一回"小老师"，做一些动作示范，如体育区域活动"钻鼠笼"，可先请一位动作正确的幼儿来示范如何钻，教师在一旁解说，也可以由其他幼儿评议他钻得好不好，使其他幼儿明确了动作要领，达到指导幼儿互相学习的目的。

另外，教师应多创造让幼儿共同完成某一任务的情境，如在"有趣的皮球"游戏中，幼儿发明了转圈拍球、用脚控球等单人玩的多种方法，似乎已经想不出其他的玩

法了，结果在教师要求他们双人、多人玩球后，他们又发现了多人滚球、头上传球、肚子夹球螃蟹走等玩法，一时间又激起了活动的高潮。可见，通过同伴间的自由交往、合作游戏，不仅可以激发幼儿对活动的兴趣，还可以让幼儿在不断输出和输入信息、自学和互学的过程中积极吸收来自同伴的经验，将幼儿主体性发展发挥到最大限度，使其不断体验成功的快乐。

总之，体育区域活动不仅能促进幼儿的生长发育，增强体质，对幼儿的心理发展也产生一定的影响，所以我们不应将发展幼儿基本动作视为最终目的，而要把幼儿作为活动的主体。要让活动过程成为幼儿主动学习的过程，而不是变成教师教的过程，同时利用一切契机，发挥教育资源的综合效能，提高幼儿参与度，使幼儿在增强运动能力的同时，在丰富多样、积极愉快的体育区域活动中获得主体性的发展。

【参考文献】

[1] 季芳. 浅谈如何在体育活动中发挥幼儿的主体性 [J]. 课程教育研究,2014(4):20.

[2] 韩静. 体育区域活动中发挥幼儿主体性的取与舍——浅谈如何在体育区域活动中发挥幼儿的主体性 [J]. 内蒙古教育（职教版）,2012(3):28-29.

[3] 陆小敏. 浅谈区域游戏中培养幼儿的主体性 [J]. 新课程·下旬,2014(2):142.

（此论文获得四川省论文比赛二等奖）

浅谈在体育活动中培养幼儿的意志品质

【摘要】

良好的意志品质对人的发展有重要价值，幼儿好动的天性决定了他们对体育活动的喜爱，应充分发挥各类体育活动的优势，对幼儿进行意志品质培养，为他们一生的发展打好基础。

【关键词】体育活动；意志品质；培养

【正文】

意志是人自觉地确定目的，根据目的调节支配自身的行动，克服困难，去实现预定目标的心理过程。意志品质是一个人在生活中形成的比较稳定的意志特征，是个性的重要组成部分。它包括自觉性、果断性、自制性、坚韧性。良好的意志品质是一个人成功的关键，意志品质对一个人的重要意义已为越来越多的教育工作者所认识。但是，如今生活条件优越，缺少在艰苦条件下锻炼的机会，而且幼儿大多是独生子女，家庭的溺爱、过分关注和包办代替容易使其养成娇气、任性、依赖、脆弱、怕苦怕累的坏毛病，自制力、自觉性、坚持性等也较差。

幼儿教育应着眼于幼儿受益终身的品质的培养。培养幼儿独立、自信、坚持、自制、勇敢、果断等终身受益的品质，为幼儿的一生发展打好基础，这是幼儿教育最重要的使命。

幼儿期是儿童意志品质发展的重要时期，但由于生理水平和整个心理活动发展水平的限制，幼儿的意志品质仍处于发展的低级阶段，行动的自觉性、坚持性、自制力都只有一些初步的表现。为此，我们要根据幼儿的年龄特点，对幼儿进行意志品质的培养。

体育活动是培养幼儿良好意志品质的重要途径。幼儿天性好动，喜欢模仿，体育活动正好符合幼儿的特点，受到他们的喜爱。《幼儿园教育指导纲要（试行）》指出："在体育活动中，培养幼儿坚强、勇敢、不怕困难的意志品质和主观、乐观、合作的态度。"《3~6岁儿童学习与发展指南》也指出："开展丰富多样、适合幼儿年龄特点的各种身体活动，如走、跑、跳、攀、爬等，鼓励幼儿坚持下来，不怕累。"

为此，我们尝试通过体育活动来培养幼儿的意志品质，具体做法如下：

一、通过不同活动形式，培养幼儿的意志品质

不同的体育活动对培养幼儿的意志品质有不同的价值，我们要根据各种体育活动的特点，培养幼儿的意志品质。

早操活动：在集体中进行走步、跑步、队形队列练习，在集体中进行基本体操练习，在集体中共同游戏、完成动作等都是培养幼儿克制自己、遵守纪律、个人服从集体的好机会。同时，日复一日地坚持早操活动有助于形成良好的意志品质，培养幼儿不怕困难、持之以恒的意志品质。

户外体育活动：主要指非正规化、低结构化的幼儿体育活动，如体育区域活动、体育游戏等。区域体育活动让幼儿根据自己的兴趣和需要，选择活动内容、活动材料和活动伙伴，能有效培养幼儿的主动性、独立性。竞赛性、集体性游戏要求幼儿使自己的行动符合集体行动的目的，有助于培养幼儿独立自信、克制自己、团结协作等意志品质。

集体体育教学活动：主要是开展丰富多样、适合幼儿年龄特点的各种身体活动，如走、跑、跳、攀、爬等，发展幼儿的基本动作和身体素质。能够多方面培养幼儿的独立、自信、坚持、自制、勇敢、果断、主动等意志品质。

野趣和远足活动：野趣主要是利用自然环境，进行挑战自我、回归自然的身体练习，远足要求幼儿徒步行走。这都需要幼儿不怕苦、不怕累、克服困难坚持下来。

总之，体育活动中蕴含很多教育契机，作为教师，要珍视体育活动对培养幼儿意志品质的独特价值，做个有心人，培养幼儿的意志品质。

二、激发参与活动兴趣，培养幼儿的意志品质

兴趣是幼儿行为重要的动力，只有幼儿对活动产生浓厚的兴趣，才会主动克服困难，从而培养良好的意志品质。

（1）鼓励幼儿自主尝试一物多玩。在体育活动中，要提供多种材料，特别是能够进行各种组合变化的非结构材料，如球、圈、报纸、绳子、箱子、棍子、轮胎等材料。鼓励幼儿一物多玩，组合变化，玩出花样，在独立尝试探索中感受成功的喜悦，如在"好玩的口袋"中，孩子们有的钻进口袋，练习侧身滚；有的将口袋铺在地上，练习隔物跳；有的坐在口袋上，让另一个小朋友拉着走；有的两只脚站进口袋学习袋鼠跳；

有的幼儿用口袋蒙住脑袋，练习盲人走……在这个过程中，幼儿不仅创造出了各种新奇、有趣的玩法，还培养了独立性、自主性和创造性。

（2）通过情景、游戏激发幼儿的活动兴趣，培养意志品质。幼儿的年龄特点决定了他们对游戏、带有情景的活动更感兴趣，我们通过多种情景、游戏，培养幼儿的意志品质。例如，在练习双脚向前行进跳的活动时，让幼儿扮演勇敢的小兔子，提醒他们跳的时候落地要轻，否则会把大灰狼给引来，在意识到自己是一只小兔子的时候，他们就会有意控制自己，用力蹬地跳起，轻轻落地。又如，小班练习走的活动中，反复、机械的练习容易使幼儿乏味无兴趣，坚持的时间也不长，但把这个内容放入"红绿灯"游戏中，幼儿坚持的时间会远远地超过之前。因此，只要我们能充分利用幼儿喜欢游戏的特点，挖掘游戏活动潜在因素，就能更好地培养幼儿的意志品质。

三、利用体育活动规则，培养幼儿的意志品质

规则可以有效地提高幼儿的自制力，体育活动中的规则都是帮助幼儿学会控制和调节自己的良好工具。作为教师，要充分利用体育活动的规则，对幼儿进行教育，让幼儿学会控制自己的行为。

在体育游戏中，幼儿只有遵守游戏规则，克制自己，才能把游戏进行下去，如果幼儿不遵守规则，就可能受到同伴的拒绝和批评，无法体验活动的乐趣。例如，在"熊石头人"的游戏中，犯规的幼儿要停止、离开游戏，这需要他克制自己想继续玩游戏的念头，把角色让给其他幼儿，同时要在下一轮的游戏中注意控制自己的动作、行为，不再犯规，提高其自控能力。同样，在竞赛性游戏中，除了关注幼儿的速度和动作的质量，还应要求幼儿遵守纪律，让幼儿明白规则的意义及重要性。对于中大班的幼儿，还可引导他们讨论体育活动中应该遵守哪些规则，明白如果没有规则，就会影响活动，甚至会对身体造成伤害，如果违反了规则，游戏就玩不下去，不好玩了，从而自觉遵守规则，自觉控制自己的行为，提高自我控制能力。

四、发挥集体作用，培养幼儿的意志品质

同伴群体是非常重要的教育资源，幼儿与同伴的共同活动、游戏过程中，大家相互学习、相互交流、相互评价，同伴的行为为幼儿提供了直接的模仿对象，帮助幼儿获得动作技能，促进了幼儿间的相互学习，获得自我肯定，同时促使幼儿调节自己的行为从而提高自我控制能力；同伴的接受、肯定和欣赏帮助幼儿建立自信心，增强战胜困难的勇气。

体育活动中的一些具有难度和挑战性的项目，如果让幼儿单独尝试，可能有的幼儿不敢尝试。但是，幼儿的模仿性强，小伙伴的行为容易影响、感染他们。可以充分发挥集体的作用，让幼儿相互学习、相互交流、相互鼓励；让胆大的幼儿带动胆小的幼儿，激发参与体育活动的热情，培养勇敢精神。同时，作为示范或帮带的幼儿也更容易激发自信心、自豪感，从而增强他们战胜困难的勇气，变得更加自信和勇敢。

五、积极鼓励和支持，培养幼儿的意志品质

每个幼儿的性格、能力、动作发展水平是不同的，他们在体育活动中的表现也不

相同。有的幼儿比较胆小，有的幼儿动作发展较差，可能会存在心理上或者能力上的障碍，作为教师，要及时鼓励、适时帮助幼儿，给他们提供支持、鼓励和帮助，给他们安慰和勇气，帮助他们消除活动障碍，培养他们自信、勇敢、不怕困难等意志品质。

案例：今天，我们进行消防训练营活动，在平衡大挑战环节中，幼儿依次走过搭在两个轮胎之间的竹梯。当轮到苏妹时，只见她犹豫了一下，停了下来，后面的小朋友等急了，纷纷催促她。她试着伸出了一只脚，可仍然没迈上去。我微笑着对她伸出手，说："别怕，我们一起过桥吧。"她高兴地拉着我的手，迈上了竹梯，过竹梯的时候，她死死抓住我，腿也有些颤抖，我拉着她的手，鼓励她说："老师牵着你，别害怕，勇敢向前走。"在我的鼓励和帮助下，她终于走过了小桥。第二次过桥的时候，我又微笑着站在了她的身边："别害怕，老师在这里呢！你肯定能过去。"她冲我笑了笑，勇敢地走上了小桥，终于，苏妹克服了自身的胆怯，能独自勇敢地走过那又高又滑还中空的竹梯了。

从上面的案例可以看出，苏妹是一个比较胆小的孩子，教师的帮助和鼓励给了她信心。从教师的帮助到一个人独立完成任务，她不仅获得了成功体验，也增强了克服困难的勇气和自信心。

同时，对体育活动中能完成目标以及为完成目标刻苦练习、不怕困难的幼儿要进行及时的表扬和鼓励，调动他们参与活动的积极性，让幼儿为实现目标而自觉坚持活动、自觉控制自己的行为。

通过教育实践，我们认为在体育活动中培养幼儿的意志品质是可行的、有效的。但是，意志品质的培养是一个长期的过程，需要我们一直坚持。我们相信，只要教师做个有心人，幼儿良好的意志品质就会逐步养成，为其一生的发展打好基础。

（此论文于 2016 年 5 月发表在《宜宾学院报》）

冬季晨练巧安排　健康快乐每一天

"一日之计在于晨"，晨间锻炼能使幼儿愉快而精神饱满地迎接一天的生活，每天开展晨间体育锻炼已经成为大家的共识和幼儿园的常规活动。但是，随着冬季的到来，户外气温比较低，天气寒冷，孩子们入园比较迟，穿得厚，不灵活，参加晨间锻炼的积极性不高，晨间锻炼的效果不佳。那么，如何巧妙安排幼儿园的冬季晨间锻炼活动？我想谈一谈我们幼儿园的一些做法。

一、幼儿为本，作息时间巧调节

首先，我们始终坚持"以幼儿为本"，根据幼儿的具体实际和季节来灵活安排晨练作息时间。夏季，天气炎热，把晨间锻炼安排在入园后早操前比较清凉的时间段；冬季，天气寒冷，幼儿入园比较迟，把晨间锻炼安排在上午第一个集中性活动之后，尽量让幼儿在相对比较暖和的时间段进行锻炼。

其次，对幼儿给予必要的保护和帮助。幼儿身体素质较低，对外界低温的抵抗力较低，冬天清晨冷空气对幼儿呼吸道的刺激也比较大，加之冬天穿得较厚，动作不灵活，运动后出汗也容易导致感冒。在晨间锻炼时，我们特别注重对幼儿的教育和保护，帮助他们掌握一些简单的冬季锻炼的方法，如教会幼儿尽量用鼻子呼吸，不张嘴大口喘气；运动前先做准备活动，等身体暖和了再脱掉外套；锻炼结束时，要做好放松整理活动，及时穿上外衣，出汗后及时擦干，用小毛巾垫背等，保证幼儿冬季锻炼的健康。

二、兴趣为先，内容形式巧安排

冬季天气寒冷，幼儿不太愿意活动。我们坚持"兴趣为先、游戏为主"的原则，开展内容丰富、形式多样的体育区域自主活动，吸引幼儿参与，激发他们参与锻炼的兴趣。

（1）丰富多样的活动内容，供幼儿自主选择。我们根据幼儿园环境，设置了固定运动器械区、移动运动器材区和自然野趣区，投放不同的材料，供幼儿自主选择。固定运动器械区主要安置一些固定的大型运动器械，如攀爬网、滑滑梯等供幼儿玩耍和锻炼；自然野趣区主要是土坡、小树林、石子小路、阶梯等，幼儿在此可开展捉迷藏、打野战等游戏；移动运动器材区主要按材料分区，又分为球区、车行区、纸质材料区、布质材料区、民间游戏区、综合运动区等，投放了体育器材和球、圈、绳、棒、箱子、轮胎、竹梯、竹竿等大量低结构材料。丰富的活动内容和游戏材料供幼儿自主选择，激发了他们的参与兴趣。

（2）混龄混班的活动形式，让幼儿相互学习。在活动形式上，我们打破班级界限，开展混班活动，中大班以混龄混班为主，小班以同龄混班为主，不同班级、年龄的孩子在一起活动，互相学习、互相交流、互相鼓励，体验与哥哥姐姐（弟弟妹妹）一起玩的快乐。弟弟妹妹在哥哥姐姐的带动下，能克服严寒，积极参加晨练，而作为榜样的哥哥姐姐，也更容易激发自信心、自豪感，增强战胜困难、战胜严寒的勇气，变得更加自信和勇敢，提高了冬季晨间锻炼的积极性。

（3）提供低结构材料，让幼儿一物多玩。在晨间锻炼中，我们按材料分区，为幼儿提供了丰富的体育活动材料，特别是能够组合变化的低结构、非结构材料，如梯子、油桶、报纸、布袋等，每个幼儿都能根据自己的兴趣和能力在自己的水平上游戏，获得成功体验。如塑料油桶，小班幼儿可以把它当成拖拉玩具或者玩滚小猪游戏；中班幼儿可以把它排列成不同形状，练习障碍跑；大班幼儿可以把油桶横放练习隔物跳，油桶与平衡木组合走独木桥，桶中装水进行负重练习等。同时，我们鼓励幼儿一物多玩，组合变化，玩出花样。提醒幼儿想一想你有什么新的玩法、比一比谁的玩法多，幼儿在自由探索中，活动的兴趣更加浓厚。我们还根据幼儿的兴趣及动作发展定期更换、调整活动材料。多变的材料、多样的玩法，保持了幼儿参与活动的兴趣。

三、整合资源，家园携手巧衔接

（1）与家长达成共识。幼儿园的任何活动都离不开家长的支持，冬季晨间锻炼更是离不开家长的配合，因为再好的安排、再有趣的内容，如果没有幼儿的参与，都是空谈。通过了解我们发现，幼儿冬季入园迟，除了幼儿自身的原因外，与家长也有很大的关系，部分家长上班时间比较灵活，早晨会起得晚一点，即便幼儿早醒了也不早送；部分幼儿晚上跟着家长熬夜，早上起不来；有老人接送的家庭，幼儿冬天赖床，往往让幼儿睡到自然醒再入园。针对这样的情况，我们通过家长会、发倡议书、家长主题沙龙、班级 QQ 群讨论等多种形式，让家长认识到晨间锻炼对幼儿的重要性，与家长达成一致认识，每天准时送幼儿入园，参与晨间锻炼。

（2）引导家长参与冬季晨间锻炼。首先，我们请家长和幼儿共同收集各种体育材料，如塑料瓶、易拉罐、竹棍竹竿等。其次，引导家长制作和开发体育玩具材料，如潇潇妈妈用奶粉盒和易拉罐制成的高跷、洋洋奶奶制作的布球就非常受孩子们的欢迎。最后，开展家长志愿者活动，每周安排一天邀请家长到幼儿园和幼儿共同参加晨间锻炼。有了家长的参与，孩子们参与的热情更高了，锻炼的效果增强了。

四、冬季晨练，检查评价巧生效

（1）开展"晨练小明星"评选活动。冬季晨练，贵在坚持，为了鼓励幼儿每天准点入园，坚持参加晨间锻炼，我们在全园各班开展了"冬季晨练小明星"评选活动，根据幼儿每天到园参加晨练的时间、在活动中的表现（努力程度、克服困难的勇气、动作完成情况）等方面对幼儿进行评价，每周一评，每月评月冠军，每期获星最多评为期冠军，以此来鼓励幼儿坚持来园，坚持晨练。

（2）加强组织与管理。为确保冬季晨练的效果，幼儿园加强组织管理和检查。幼儿园统筹安排区域活动，每个区域具体由一个班级教师负责管理，在晨练中教师要观察幼儿的行为，了解幼儿对活动材料的兴趣、动作发展水平及个性特点，通过创设游戏情节或提出任务，通过启发引导、适时参与、调整材料、鼓励支持等策略，激发幼儿活动的积极性和兴趣，提高运动能力，体验运动快乐，避免放羊式活动，确保晨练效果。

[此论文于 2017 年 6 月发表在《宜宾学院报》（增刊）]

践《3～6 岁儿童学习与发展指南》重变革　求发展
——论幼儿园体育区域活动的实践研究

【摘要】

《3~6 岁儿童学习与发展指南》中指出："发育良好的身体、愉快的情绪、健康的体质、协调的动作、良好的生活习惯和基本生活能力是幼儿身心健康的重要标志，也是其他领域学习与发展的基础。"这表明了健康领域在幼儿学习与发展中的重要地位，而体育区域活动正是健康领域目标实现的一个重要途径。体育区域活动是因地制宜地根据幼儿园环境把不同的场地创设成不同的区域，投放不同的材料，让幼儿自由选择、自由结伴、自由活动的体育活动形式，它符合《3~6 岁儿童学习与发展指南》中"以幼儿为本"的核心精神，有利于幼儿的全面发展。

【关键字】《3～6岁儿童学习与发展指南》；变革；发展；体育区域活动；幼儿

【正文】

一、践《3～6岁儿童学习与发展指南》的重要性

《3~6岁儿童学习与发展指南》旨在指导我国3~6岁儿童学习与发展的方向，是教师观察幼儿、了解幼儿、指导幼儿的一个抓手，是引导教师进行科学教学的一个重要依据。

《3~6岁儿童学习与发展指南》中提出"幼儿的学习是以直接经验为基础，在游戏和日常生活中进行的"。幼儿园体育区域活动正符合幼儿的这一学习特点，为幼儿创设了一个宽松自由的活动环境，让幼儿自主自由探索。《3~6岁儿童学习与发展指南》也有利于转变教师观念，让教师更好地关注幼儿学习与发展的整体性和幼儿的个体差异，提高教师专业水平并更好地指导幼儿体育区域活动的开展。

二、重变革的必要性

随着我国幼教事业的不断发展和我园健康特色园的创建，"变革"迫在眉睫。体育区域活动的开展为我园开启了一条光明的"改革之路"。目前，很多幼儿园还是重集体教学活动而轻体育区域活动。大量实践表明，体育区域活动更加符合幼儿的学习方式和发展方式，能够更好地促进幼儿身心健康自由发展。因此，我园对一日活动进行了调整，根据不同年龄段设定不一样的活动。

例如，我园大班以前的一日活动（以上午为例）有两节集体教学活动和一节游戏活动。而课堂改革后改为一节集体教学活动、一节体育区域活动和一节游戏活动。并且在此基础上幼儿园也对每日的晨间活动做了整体安排，分单周双周每个班级轮流进行体育区域活动，让幼儿有更多的自由游戏和自由探索的时间，更好地促进幼儿发展。

另外，课堂变革、体育区域活动开展的重要性还体现在以下方面：

（1）幼儿自身发展的需要

首先是幼儿的身体需要，幼儿有了强健的体质才能有充沛的精力投入其他的活动中。体育区域活动能够让幼儿的身体素质得到锻炼和提高，同时能够满足幼儿好动爱动的活动天性。其次是幼儿的心理需要，我们不可否认集体教学的一些积极作用，它可以帮助幼儿快速有效的整理一些零散的知识，形成初级的知识体系。但是，幼儿更喜爱更渴望的是自主自由的活动。

案例：

一天下午，本应该是玩一个教师设计好的游戏活动。但是我偶然问幼儿的一句话改变了我的主意，也转变了我的想法。我问幼儿："你们是想玩小游戏呢还是想到户外去活动啊？"孩子们竟然异口同声地说："到户外去玩！"一些幼儿竟然兴奋地跳了起来。还没等孩子们说完，蔡妮轩小朋友忽然说一句："小游戏没有意思，到户外去玩多好玩啊，好自由啊！"

可见，一些常玩的、教师设计好的游戏活动已经不能够满足幼儿的需要，如果教师没有及时发现这一问题，所谓的游戏也不是真正的游戏，就变成了机械的、单一的训练。而幼儿需要的是真正的体验、自主的活动。体育区域活动满足了幼儿的需要，教师为何不放手让他们快乐自由地发展。

（2）课程改革、幼儿园发展的需要。俗话说："思维改变行动，有变才有出路。"课程改革不是"因改而改"，而是顺应学前教育科学发展的大潮流，以促进幼儿健康全面发展为目标。我园体育区域活动是在变中产生，也在变中发展，同时顺应着科学教育发展的方向，是"以幼儿为本"的有利于幼儿发展的活动。因此，较好地开展体育区域活动能进一步促进课程改革，有利于幼儿园的整体发展。

三、求发展的长期性

发展是一个循序渐进的过程，是在长期的、艰难的实践过程中演变而来。在我园体育区域活动实践一年以来，我们通过理论学习、磨课研课、实践教学等形式进行着探索和学习。在此期间我发现了一些问题与困惑。体育区域活动中教师应该充当一个什么样的角色。活动的旁观者？活动的指导者？我想只有用心去观察幼儿、了解幼儿，才会知道他们的所思所想。

案例：

在一次体育区域活动中，我带领幼儿来到户外综合区玩耍。幼儿用各种材料尽情玩耍着。我便四处走动观察着每一个幼儿的活动，头脑飞转着，思想紧绷着。然而当我走过涛涛他们的活动区时他叫住了我，他朝着我高兴地说道："王老师你看，我们正在玩推小车呢。"我转身望了他们一眼，心里想着孩子们的合作意识还不错，知道分工合作推小车也挺好，并且这个推小车的活动也没看到有任何的危险行为。于是我笑着对他点点头之后便走开了，在我转身的一刹那我忽然感觉到涛涛想说什么又没有说出口。我继续着我的"巡逻"，认真查看着每一组孩子们的活动，分析着他们的活动情况。不知不觉中我又走到了涛涛他们身边，这时涛涛说话了，他带着期许的眼光对我说："老师你也来坐坐我们的小车吧，可好玩了。"于是我答应了他的要求，有了教师的加入孩子们的热情更加高涨了，纷纷跑过来，有的幼儿推、有的幼儿拉，还有的幼儿用布单给我披在身上扮成了女王，小车瞬间变成了马车。我第一次体会到教师能够参与到幼儿的活动中是一件多么快乐有趣的事情。

通过以上案例我对教师的角色有了一个新的思考，我认为教师应该做一个会思考的观察者，做幼儿亲密的玩伴。

在体育区域活动中还存在着幼儿园活动场地小、经费不足、活动材料少等问题。针对这些问题，我们根据幼儿的具体情况和场地情况合理利用有限空间开展体育区域活动。充分利用社区资源和家长资源，发动他们一起收集活动材料，把一些废旧材料变废为宝。

改革和发展中不可避免有许多的问题与困惑，我们应该把它当成发展道路上的一株含苞待放的花朵，只有去辛勤浇灌它才能够绽放出最美的花朵。在体育区域活动的探索道路上，我们应该时刻"以幼儿为本"，深入贯彻《3~6岁儿童学习与发展指南》精神，用实践、用探索为幼儿开辟一片健康自由的学习与发展的广阔天地。

（此论文获得四川省论文比赛二等奖）

体育游戏让孩子的童年绽放特别的光彩

【摘要】

《幼儿园教育指导纲要（试行）》指出："开展丰富多彩的户外游戏和体育活动，培养幼儿参加体育活动的兴趣和习惯，增强体质，提高对环境的适应能力。"幼儿期是灵敏素质、速度素质、弹跳能力等快速发展时期，身体主要器官发育快，但身体机能尚未发育成熟，各个组织都比较柔嫩，而户外体育活动能提高幼儿适应自然环境的能力和对疾病的抵抗力，因此要抓住幼儿生长发育的关键期，积极有效开展户外体育活动，提高户外体育活动质量，促进幼儿身心和谐发展。

【关键词】体育游戏；童年；特别；光彩

【正文】

随着现代社会的飞速发展、人们生活水平的提高，高层建筑代替平房，幼儿活动空间的缩小束缚了他们活动的自由，严重危害了幼儿的身体健康。而独生子女家长又往往对他们娇生惯养，导致他们成为温室里的弱苗，因此许多幼儿身体素质较差。而身体素质是人体生理功能在身体运动中的综合表现，是身心发展水平的重要标志，是幼儿运动能力和生活能力发展的基础。"创办健康特色园"是我园的办园特色，积极开展丰富多彩的体育区域活动，注重锻炼幼儿的身体，增强幼儿的体质，培养身心健全的幼儿，我们的做法如下：

一、合理的场地布局、科学的材料投放、充足的物质保障

我园户外活动场地多但比较分散，在场地规范设置、合理布局方面下了很大功夫，根据园内场地、设施、体育玩具等条件，我们对运动区域的设置、材料的投放做到合理规划，统一布局，将周边环境和运动区域有效结合。设置玩水区、休闲长廊、大型攀爬区等。在每个区投放丰富多彩的材料，材料投放以非结构材料和低结构材料相结合，以安全、实用、美观、原生态为原则。例如，在车行区提供各种类型的车，有购买的，有自己用木材制作的；综合运动区则有木桩、竹筒、竹竿、竹梯、木梯以及轮胎、大型塑料制品玩具；球区提供各类球；民间游戏区则有跳绳、高跷、铁环、毽子等。所有材料都保证质量和数量，让幼儿有充分的自由选择空间，根据年龄结构的不同，每种材料都能一物多玩，幼儿游戏时教师适时、适当地介入引导和支持，帮助幼儿获得游戏经验的提升。

二、形式多样的游戏

游戏是促进幼儿全面发展的重要形式，形式多样的游戏能促进幼儿身心和谐发展。民间游戏区，我们注重收集各种民间游戏，并加以改进，使它适合于幼儿，如丢手绢、老鹰捉小鸡、跳皮筋、跳房子、跳长绳、滚铁环、跳竹竿、投沙包、抖空竹、抽陀螺、踢毽子等。同时，教师还和幼儿一起收集废旧材料制作毽子、沙包、飞盘、纸棍等玩具，改造原有铁环的大小、推置方法，使它更易于让幼儿掌握，因地制宜地为幼儿提供游戏材料，创设游戏条件。这些民间游戏和材料不仅保证了游戏的正常开展，也丰富了幼儿的活动内容，幼儿对民间游戏非常感兴趣，百玩不厌，自由活动和户外活动时，他们自由结伴，自由游戏，玩得非常开心。我园开展了大班幼儿跳竹竿比赛、跳绳比赛，中班幼儿拍皮球比赛等。民间游戏不仅丰富了幼儿的游戏内容，更重要的是能提高幼儿的身体素质及运动机能，丢手绢、老鹰捉小鸡等游戏使幼儿思维敏捷，反应机智、灵活，跳皮筋、跳房子、跳长绳、跳竹竿等游戏锻炼了幼儿的弹跳能力，抖空竹、投沙包、扔飞盘锻炼了幼儿的手臂力量。

攀爬区，教师根据幼儿不同的年龄特点设置了不同的情节，有"摘果子""插红旗""寻宝"等，鼓励孩子们勇敢攀爬，在取得胜利的同时，锻炼了幼儿身体的灵活性、协调性，增强了幼儿的自信心。在小鱼游动的水中，从小桥上走过是幼儿非常喜欢的游戏，有较平稳、宽敞的木桥，有用圆木桩连成的小桥，有铁链相连的窄窄的桥，幼儿选择不同的路线，由易到难，体验到成功的喜悦。户外自主游戏中，"狡猾的狐狸在哪里""老猫睡觉醒不了""鸭妈妈找蛋"，各种各样的游戏伴随着幼儿，不仅培养了幼儿基本的活动能力，提高了身体素质，促进了幼儿正常的生长发育，还培养了幼儿的自信心、意志力，加强了同伴之间的合作。

综合运动区，幼儿自由结伴去搬梯子、木板、轮胎、木桩、板凳、垫子等材料，相互商量着组合搭建，有的幼儿将竹梯搭在两个轮胎之间，在竹梯上走、爬、跳，从竹梯下钻、爬；有的幼儿将很多材料组合搭建在一起，像迷宫一样，大家商量着怎样遵守游戏规则，然后有序地进行着游戏，所有这些材料都是非结构材料，可供幼儿自由组合、自由搭建、自由玩耍，充分体现了自主、自愿。这个区域充满着智慧和挑战，是深得幼儿喜欢的游戏区，特别是大班幼儿，他们在每一次的游戏中都有新的玩法和新的发现，每次游戏结束后都意犹未尽。

三、全面开展体育区域游戏，幼儿在游戏中充分体验快乐

我园开展的户外体育区域活动是打破班级界限、年龄界限的活动，充分利用园内场地、器材，形成各个活动区域，幼儿可以自由结伴、自选内容、自主活动。与其他形式的体育活动相比，有着形式多样、内容丰富、生动活泼、富有自主性的特点，户外体育区域活动扩大了幼儿之间的接触与交往，使幼儿在活动过程中相互影响，共同提高与发展，同时能满足幼儿多方面兴趣和发展的需要，充分体现出幼儿是活动的主人。在各种户外活动中，采取有效措施，激发幼儿对户外体育活动的兴趣，提高幼儿走、跑、跳、平衡、钻、爬、攀等各种身体动作的协调性、灵活性，培养幼儿积极参加体育锻炼的习惯和活泼开朗、坚强勇敢、克服困难等良好品质，促进幼儿身心健康全面发展。

童年是美好的，童年只有一次，有健康和快乐陪伴的童年更值得回味。让幼儿从小拥有一个健康的体魄比什么都重要，有了健康才有一切。因此，作为幼教工作者，坚持正确的教育理念，把游戏还给幼儿，让幼儿的童年绽放特别的光彩！

（此论文获得四川省论文比赛三等奖）

开发运用体育区域材料 让体育游戏更加精彩

【摘要】

《幼儿园教育指导纲要（试行）》指出："幼儿园必须把保护幼儿的生命和促进幼儿的健康放在工作的首位"。《3~6岁儿童学习与发展指南》也明确指出，"开展丰富多样、适合幼儿年龄特点的各种身体活动""发展平衡和协调能力""发展幼儿动作的协调性和灵活性"。依据幼儿自主意识强、好学、好问，喜欢探索新奇刺激的特点，体育活动材料的投放具有挑战性，应在充分搜集废旧物品和自然物制作体育材料的基础上，尝试探索，利用投放适宜幼儿发展的体育区域活动材料，以幼儿为主体，以户外体育活动为载体，让幼儿积极主动参加体育锻炼，促进幼儿全面发展，使他们度过快乐而有意义的童年。

【关键词】体育区域活动；投放；开发；自主游戏；一物多玩

【正文】

在形式多样的体育活动中，相对于其他形式的体育活动而言，体育区域活动具有自主性、丰富多样性、针对性、灵活性的特点，并不强调集体的、统一的活动，对场地、时间的要求也比较灵活，更能考虑到幼儿的兴趣、爱好，给幼儿提供足够的自由活动空间，在促进幼儿动作发展的同时，有利于培养幼儿的独立性、自主性及合作交往能力。《3~6岁儿童学习与发展指南》明确规定："幼儿每天的户外活动时间一般不少于两小时，其中体育活动时间不少于1小时。"蒙台梭利认为，儿童的内在潜能是在环境的刺激、帮助下发展起来的，是个体与环境之间相互作用的结果。由此可见，在活动中如何正确、科学、有效地提供各种体育活动材料是至关重要的。

一、科学规划体育区域，根据区域合理投放材料

长期以来户外体育区域活动一般采用以动作发展来进行分区，我们尝试将户外活动区域划分为以下三个：

（1）固定运动材料区：指固定安置的大型运动材料玩具，如玩具城堡、荡船、滑滑梯等。孩子们通过在大型玩具上进行钻、爬、攀登及平衡等各种动作的练习，不仅提高了身体素质，也培养了孩子们团结友爱、勇敢及勇于克服困难的良好品质。

（2）自然游戏区：场地特征的多样性，如土坪、草地、石子小路、阶梯、坡地以及沟渠、帐篷和小屋等，幼儿能体验各种场地特征对身体控制力的不同要求，获得多种运动经验。

（3）可移动运动材料区：一类是教师根据幼儿某项运动能力发展的需要设计或投放的能发挥特定功能的低结构材料，如走高跷、袋鼠跳、爬竹梯、走平衡等；另一类是能够做各种组合变化的非结构性的材料，如球、圈、绳、棒、箱子、板条、轮胎等，材料之间可以任意组合，幼儿可以根据自己的兴趣和能力选择游戏，玩出各种花样来。此类活动区可按材料投放划分为以下五种。

①民间游戏区：如陀螺、皮筋、竹竿、跳房子、竹梯、木梯、毽子、拔河、木头桩、竹节、套圈、布袋、鞋盒、纸箱子、蛋糕盒等。

②车行区：如滑板车、拖拉车、自行车、滚毯、儿童妞妞车、自制拖板车等。

③球类区：如纸球、皮球、海洋球、气球、抛接球盘、跳跳球、牵线球等。

④综合运动区：如攀爬架、滚筒、充气垫、轮胎、高跷、跨栏等。

⑤铁制材料区：如奶粉罐、饼干盒、易拉罐等。

二、统筹利用多方资源，利废利旧开发材料

《幼儿园教育指导纲要（试行）》中指出："家庭是幼儿园重要的合作伙伴，应本着尊重、平等、合作的原则，争取家长的理解、支持和主动参与。"每期我们都会开展"大手牵小手 玩具总动员"活动，在家长会上宣传体育游戏对幼儿体能发展及意志品质形成的重要意义，得到了家长的重视和配合。充分利用家庭资源，共同研制和开发体育材料，如小推车、铁环、沙包、拉力器、纸球、纸棒、飞碟、沙罐、飞镖、高跷、竹圈、举重器、竹竿等，丰富体育区域活动的材料。在制作体育材料的同时，提倡亲子共同完成，让家长和幼儿获得变废为宝的体验，逐渐形成物尽其用的意识，同时增进了亲子间的情感交流，培养了孩子的动手动脑能力。

利用废旧物品制作体育器械不仅丰富了幼儿活动的内容，还可以节约开支，增强幼儿的环保意识。在体育器械的开发和制作上坚持趣味性、安全性、操作性和艺术性原则，提供多样化低结构、非结构的活动材料，如竹子制作的高跷；旧栅栏木板做成的"四人两足"；饮料瓶做成的飞盘；挂历纸卷成纸棒、纸球；塑料袋做降落伞；大纸箱做成的有趣的毛毛虫，大小不同的木块、推车……这些材料可以让幼儿自由组合、共同创造，不仅激发了幼儿参与体育活动的兴趣，也满足了幼儿自主开发玩具的探索需要。

三、探索创新多种玩法，合理有效运用材料

在幼儿掌握某一体育材料的基本玩法后，应注重发挥材料"一物多玩"的功能，以调动幼儿的积极性和创造性。例如，废旧轮胎可以用来爬、钻、滚，摆在地上可以让幼儿练习双脚跳、单脚跳等。易拉罐等各种各样的瓶子可以用来发展滚、抛、跳等基本动作；可以当成高翘踩着过河，发展平衡能力，可以当成球，练习投篮，培养目测与投掷能力。在综合运动区，我们为幼儿提供了各种各样的梯子，还为幼儿提供轮胎、垫子等辅助物，供幼儿自由组合使用，幼儿把梯子架在垫子上，变成了一座高高稳稳的桥，将它们架在轮胎上，马上又变成了一座摇摇晃晃的桥，把梯子组合在一起，就变成了桥洞隧道，幼儿既可以过桥，也可以穿越隧道。师生收集的各种纸盒可以用来运纸球，孩子们抬着跑；可以用来当滚筒钻进去滚来滚去；可以当成障碍物，进行跳跃；可以搭成城堡进行投掷……

通过一物多玩，不仅发挥了幼儿的想象力，调动其主动性和积极性，还能激发幼儿对体育活动的兴趣，从而达到锻炼的目的。在游戏中，教师要善于发现、引导和帮助幼儿，根据幼儿需要有目的地选择适合的区域进行活动，选择幼儿感兴趣的体育材

料，先让幼儿自由游戏，去发现、探索游戏的多种玩法。教师可在游戏中适当加以引导，与幼儿一起将游戏玩出新玩法、新花样，体现一物多玩，使幼儿获得成功的经验。

适宜的锻炼环境、丰富的活动材料会最大限度地激发幼儿的锻炼热情，满足幼儿的情感需求。在户外体育区域活动中，活动材料的投放、器材的摆放、器材的难度变化不是一成不变的，也不是随心所欲的，教师应根据幼儿水平合理设置游戏难度，让幼儿通过努力是可以达到的，以增强幼儿的自信心。因此，教师应树立"以儿童为本"的教育思想，及时关注幼儿，不断完善和更新活动材料，给予适时的支持，让幼儿在精彩活动中快乐地成长！

利用自制玩教具开展体育活动的策略

自制玩教具是由幼儿园、幼儿、家长制作的玩教具。利用各种废旧生活材料或自然材料制作玩教具既能节能减排、废物利用，又能达到因材施教的目的，是一种全新的玩具观。体育活动是促使幼儿的身体健康成长和增强幼儿体质的教育。在《幼儿园工作规程》《幼儿园教育指导纲要（试行）》《3~6岁儿童学习与发展指南》等纲领性文件指导下形成了新的观念：在幼儿体育活动中，"教师要为幼儿发展服务""幼儿要成为活动的真正主人"。

一、以良好的精神面貌、诙谐的言行举止激发幼儿的兴趣

教师必须以热情饱满的态度、形象生动的肢体动作去感染幼儿。同样是简单的手脚热身运动，如果教师加上一些夸张的言语和肢体动作，效果就会不一样。例如，在垫子游戏中，教师组织幼儿热身活动前和幼儿问好的环节：老师向幼儿问好后，幼儿又向教师问好，教师却假装被幼儿的声音震得很远，教师诙谐的动作让全班幼儿捧腹大笑，幼儿的兴趣一下就被调动起来了。

二、利用自制玩教具进行角色扮演

我们改变了让幼儿机械模仿练习的模式，把体育任务寓于既有情节，又有角色的集体游戏之中。设计一个有完整情节的游戏主题，让幼儿置身于生动有趣的故事情节中，以故事为线索开展体育活动，就像是一台戏一样，故事讲完了活动也就结束了。

例如，科研课《我要当冠军》，教师扮演大象："孩子们，知道我是谁吧。我是大象，力气很大的大象，听说大一班的小朋友的力气大得很，所以今天我是来挑战你们的，比一比谁的力气更大。想挑战大象的，那就请你们扮演蚂蚁吧。"这时幼儿迅速被吸引，对游戏产生了浓厚的兴趣，纷纷要求要扮演蚂蚁。"在比赛之前，大象要考考蚂蚁朋友们的反应怎么样？"孩子们在角色扮演中愉快地完成列队、前平举、侧平举、立正、动动蚂蚁身体部位等热身活动。教师示范："好，蚂蚁们的反应还真快，我再测测你们的力气是不是真的也很大。"然后分别由一个、二个、四个、全部蚂蚁去抬垫子后。幼儿A：一个蚂蚁搬不动。幼儿B：四个蚂蚁搬起重得很。幼儿C：大家一起来轻轻就搬动了，蚂蚁就是这样搬东西的。

让幼儿以角色的形式参与到活动中，可以调动幼儿参与活动的积极性，引发幼儿对已有经验（蚂蚁合作搬东西）的回忆和当下任务的对比，还可以使他们与故事中的蚂蚁产生情感上的共鸣，在角色扮演过程中得到"团结合作才能战胜困难"的宝贵经验，为接下来要克服面临的困难，争当冠军提供勇气和支持。

三、利用自制玩教具，开展快乐体育活动

教师在组织体育活动时，要怎样才能不让幼儿做重复机械的训练，为幼儿准备科学合理的玩教具材料，让幼儿在快乐的游戏中获得有益的经验，从而实现"快乐体育"的目标呢？

教师要通过对幼儿平日的活动进行细心观察，善于去发现幼儿喜欢些什么、需要些什么，从而有选择性地去制作出幼儿感兴趣的体育玩具，还要善于在幼儿活动的过程中发现问题，不断地对体育玩具进行改进，使其更为完善，更能符合幼儿的活动要求，更加具有锻炼的功效。我们制作了那么多的体育玩具，如何有效运用呢？

（一）"一物多玩"的玩法

教师在组织幼儿体育活动时，一定要明确"物尽其用、一物多玩"的指导思想，充分调动幼儿的积极性、主动性，使幼儿积极思考、大胆创新，能用一种自制体育玩具玩出多种花样来。例如，家长与小朋友自制的"纸棒"，可以接力、跨越、搭建、骑马、障碍跑等；饮料瓶可以做成抛接桶、滚筒、哑铃、跨栏等；用竹筒自制高跷，幼儿玩起了踩高跷的游戏。根据幼儿已有经验，教师还创编了"拾稻穗""小马运粮""闯关游戏""种菜"等游戏；用稻草扎出手榴弹玩投掷游戏；用稻草鞭子制作成草球，玩足球游戏；用稻草搓成草辫子，玩揪尾巴的游戏；用稻草设计出可爱的草娃娃，做成安全的跳高架等。幼儿在玩的过程中兴奋不已。我们周围有着丰富的乡土资源，只要善于开发和利用，就能生成不同的乡土特色体育游戏，从而让体育游戏真正成为幼儿快乐的源泉。

（二）探索出了多物协同的玩法

我们重点思考自制玩具的组合，同时针对各年龄段幼儿的发展需要，激发创造力和适当增加挑战性。在开展"小兔采蘑菇"活动中，长短不同的竹竿与藤球的组合，进行了走、投、平衡等动作的练习，培养了孩子平衡、协调、灵活等能力；在开展"闯关我最棒"的集中体育活动中，将跨栏、鞋盒、垫子设置为闯关中的障碍，跨栏作田埂、鞋盒为石头、垫子是草地。在活动中教师引导幼儿如何跳过宽窄不同的小河、高度不同的田埂、怎样过草地。为了增强难度和增加幼儿练习的次数，又多设置了一道障碍——用2米高的竹梯做成城墙，引导幼儿爬过竹梯，激发了幼儿的挑战欲望。这样不同体育玩具的有效组合，能让活动游戏化，也更有趣味性，使幼儿不断获得成功的喜悦，成长为一个愉快、主动、大胆、自信、乐于助人、不怕困难的幼儿。

（三）走出幼儿园，开展形式多样的快乐体育游戏

我们幼儿园的孩子虽然生活在城市，但都去过周围的郊区，在无意之中接触到许多农村的自然资源，利用家长资源，组织亲子户外活动，带幼儿到山坡、树林、河边、

田间、小径、菜园里玩耍，有的幼儿就爱凑在一起玩"三叉板"游戏；有的玩"骑大马"，把竹竿、玉米杆放在胯下当成马，挥在手上变成鞭，扛在肩上变成枪；有的玩"斗鸡"游戏，单腿站立，另一条腿双手抱起，一方把另一方到双腿落地算输，还可以通过黑白配，分成两组，然后通过斗鸡分胜负；调皮的男孩子从老远的地方一起冲向堆得很高的麦垛，然后在麦垛上惬意地躺着打滚，如此循环往复十来次才觉得尽兴，个个变成了"土人"，身上沾满了麦草，乐得合不拢嘴；有的在田埂上跳来跳去。孩子们在快乐的游戏中提高了跳跃能力。

（四）开发利用民间体育游戏，让幼儿在快乐中成长

传统的民间体育游戏内容丰富，形式多样，材料简单，具有较强的趣味性和娱乐性，深受幼儿的喜欢。例如，促进幼儿小肌肉发展的游戏有抓石子、翻绳、弹珠子等；锻炼幼儿大肌肉动作的有踢毽子、捉迷藏、切西瓜、跳皮筋等；发展幼儿动作协调性和平衡性的有老鹰捉小鸡、"瞎子摸瘸子"、踩高跷、独木桥等。我们开展的体育特色游戏是民间体育游戏滚铁环。滚铁环对于成人来说有一定的难度，需要一定的技巧，对于幼儿来说更是极大的挑战，对幼儿的平衡能力和身体协调能力都是很大的考验。在滚动的过程中，推铁圈的力量朝向倾斜的一方，铁圈才不会倒地。这就要在跑动的同时，控制铁圈的平衡。为保证游戏的顺利开展，我们把"滚铁环"这个活动渗透到幼儿一日活动中：在晨间活动时，让幼儿从基础开始训练，让铁环在平地上滚起来。在学会滚起来的基础上，再开展"滚铁环"的教学活动，在活动中，教师鼓励他们探索新的玩法，如绕障碍滚、过小桥等；在亲子活动中，还邀请家长和幼儿一起玩接力赛的游戏，在铁环上套一两个小环，金属撞击，声音脆亮。一路跑，一路叮铃铃地响，孩子们充满自豪，增加了兴趣；既锻炼了身体，又避免了慢跑的枯燥无味，有利于培养孩子们定向的准确性和反应的灵敏性。

我们深刻认识到挖掘、整理、创新地方民间体育游戏资源，对开发幼儿的智力保障、幼儿健康成长有非常好的促进作用。为此，应尽可能多地发掘民间游戏资源以更好地服务于幼儿教育。

制订体育区域活动计划时应遵循的原则

幼儿体育区域活动是根据幼儿园环境，因地制宜地把各种不同的场地创设成不同的运动区域，投放不同的材料，让幼儿在良好的体育环境中充分地自由结伴、自选内容、自主活动的体育活动形式。幼儿园开展体育区域活动，打破班级与区域界限，幼儿根据自身的兴趣及能力，自由地对区域进行选择，体验参与体育活动的乐趣，促进身体动作协调发展和运动技能不断增强，自主性得到提高，更重要的是在体育区域活动浓厚的运动氛围中，激发幼儿的运动激情，培养其勇气、耐力、意志力以及健康向上的体育精神，为幼儿适应未来社会打下坚实的基础。体育区域活动具有环境的开放性、活动的自主性、材料的丰富性、游戏的趣味性、交往的频繁性等特点。

体育区域活动可以打破幼儿年龄、班级界限，使幼儿间交往增多，互动频繁，合作意识增强。活动中的"大带小"可促使大龄幼儿为小龄幼儿起榜样作用，增强责任心，而大龄幼儿的运动表现又不同程度地影响小龄幼儿的参与态度，给他们提供直观的运动经验，使之不断挑战自己，提高运动水平。在体育区域活动中，幼儿与环境中的人（教师、同伴等）和物（自然物、玩具、器械材料等）发生交互作用，学习扮演社会角色，培养角色意识，学习对人、对事、对物的正确态度，养成良好的品德、行为、习惯，活动中幼儿多种结伴形式也有利于促进幼儿的非智力因素的发展。故在体育区域活动设计时应遵循以下原则：

一、确保安全

安全性原则应贯穿区域活动的始终，场地的安全性、材料的安全性、游戏的安全性、幼儿行为的安全性都是创设各区域时应考虑的因素。采取以下措施来增加安全性：

一是使用明显的标记，提醒幼儿运动的方向，如用油漆在车区地面上喷画出车辆行驶方向的标志，平衡区、跳跃区设置运动方向的箭头，攀爬区用彩旗穿成的彩带规范幼儿从开始到结束的运动方向。用箭头等标记指引活动方向可大大优化区域活动的秩序。

二是控制进区人数，如水区的捞鱼游戏，可通过地上鞋印的数目控制参与的人数；在自然野趣区的滑梯，设置一定数量的挂钩，拿到橡皮筋的幼儿才能参与该区域活动；攀爬区也是通过手环的形式来控制在攀爬架上活动的幼儿。

三是人员定位。区域活动时对各区人员的定位都要有明确的规定。每一个小区确保有三位教师在场，对于滑梯、斜坡或拐弯处等重要地点都会特别安排人员指挥，保障幼儿活动安全。同时，要求区域活动时必须有两名医务人员在位，一人巡视幼儿活动，加强运动保健指导，一人守在全园区域靠中心的地方，配备药箱，确保出现事故后教师能第一时间找到医生进行快速处理。

四是加强幼儿安全意识教育，提高自我保护能力。每一次区域活动开展前和结束后，教师都会通过谈话、小结的方式，提出安全要求，特别针对活动中易出现的安全问题一起讨论，提高幼儿的安全意识。

二、两个全面性

全面性包含两个方面的内容：一是指体育区域活动的设计要以全面发展幼儿的身体为立足点，即在活动中提高幼儿走跑、跳跃、投掷、钻爬、平衡、攀登等基本动作技能；二是指在开展体育区域活动之前，要根据幼儿园的具体情况，对活动场地进行全面规划：开设哪些活动区、在什么地方设置、需要用多大的空间、各区域之间有什么联系、周围环境怎么利用，等等。

我园依据运动性、科学性、因地制宜等原则，将园内场地划分为六大区域：车区、篮球区、攀爬区、钻爬区、综合体能区和自然野趣区。

每一个大区都是根据地理环境自然而成。例如，我园靠河边有一块建有山洞、长城、铁索桥、木桩、钻网、植物廊、水沟、种植园、动物园等瓜果飘香的自然环境，是幼儿进行军事游戏、捉鱼网鱼、照顾动植物等游戏的优良场所，自然野趣区因此而命名；占地800平方米的硬地上不规则地分布着几棵高大的木棉树、小叶榕树和芒果树，是篮球区理想的场地；篮球区旁边有一块160平方米的草地，放置有木制小屋、小桥、钻筒和彩色大型蜂窝状钻爬器械，设置为钻爬区，这是六大区域中最小的区；大片树荫下，在两块邻近的沙土地上放置有高达4米的圆柱形爬网、1.2米的小型坡面攀爬器、1.7米高的天梯、秋千等多个可供攀爬、悬挂的器械，设置为攀爬区；车区使用场地是在两座教学楼之间700平方米的圆形广场上，中间是圆形喷泉池，适合车辆环绕行驶，为增加游戏趣味性，增大车区范围，在后方两个圆形拱门的两级楼梯上放置两个木制斜坡，既增加了难度，又将骑车范围扩大到围绕二号楼的左侧大堂；综合体能区设在我园3 500平方米的大草坪、圆形塑胶跑道和草地斜坡，是最大的一个区域，是幼儿玩足球、轮胎、平衡、跳跃、投掷、走跑、翻滚的好地方。

除了钻爬区，其他五个大区都设有区中区。每一个大区的活动内容不是单一的，由不同项目组成，如车区包括轮滑区、滑板区和单车区，篮球区有滚球区、投球区、运球区和拍球区，综合体能区包含了平衡、轮胎、跳跃、投掷、走跑和足球六个小区，自然野趣区由于地理环境的天然优势包含戏水区、军事游戏区、种植饲养区和大型玩具区四个小区。

三、趣味性

兴趣是最好的老师。趣味性的游戏可以激发幼儿更好地掌握各种基本动作，从而提高幼儿的身体素质并培养勇敢、坚毅、合作等个性品质。

例如，足球区是为提高幼儿踢球、定球、运球、射门等技能而设立的区域，刚开始设计有直线运球、绕障碍物运球和射门三个活动，经过观察发现到足球区活动的人数寥寥无几，幼儿对足球活动不感兴趣，原因是缺乏游戏情景和趣味性，于是我们对活动进行了调整：一是把运球和射门两个基本动作结合起来变为一组连贯的动作，并用翻牌记分的方式来记录两队幼儿进球的次数，因为有了游戏情景和比赛形式的加入，孩子运球和射门的兴趣增加了；二是在两个雪糕桶之间拉一条挂小铃鼓的铁丝，幼儿站在铁丝两边两两相对踢球定球，通过足球撞击铃鼓发出的声音吸引幼儿的兴趣；三是把足球装在网袋里，拉一条80厘米长的绳，幼儿用手牵绳用脚踢球，因为少了捡球的麻烦，因此能较好地调动幼儿踢球的积极性。

四、层次性

层次性是根据幼儿在运动能力和认知经验方面的个体差异，把幼儿应掌握的内容分解成不同层次，并配有不同层次的材料，使不同水平的幼儿能够有兴趣参与活动，有效地促使每个幼儿在原有基础上得到发展。区域活动中教师面对的是不同年龄段、不同发展水平的幼儿，为更好地促进幼儿在原有水平上的提高和发展，在内容安排上必须要有层次性。例如，篮球区开设的运球活动分为原地运球和绕障碍物运球，滚球分为面对面滚球和过拱门的滚球，投篮活动有在不同高度的篮板、圆圈和镂空动物木板上投篮，为了增加难度，还设有站在平衡木上的投篮项目，这些活动的设计可以满足高中低不同水平幼儿运球、滚球和投篮的要求，幼儿可根据自己的能力选择活动的内容。

五、合作性

德国教育家卡尔·威特在《卡尔·威特教育在我家》一书中提出："一个人要想事情做得好，仅仅依靠学识和能力是不够的，要想成功，一个人的力量是单薄有限的，他必须有团结精神，学会与人合作。"可见，学会合作是非常重要的。

在体育区域活动中幼儿相互合作、大带小的现象是随处可以见到的：两人相互扶持过"独木桥"、玩抛接球游戏、一人在滑梯上投纸蜻蜓一人在下面接、"蜈蚣"走、两人合作挑水到种植区浇花等。轮胎区是以废旧汽车轮胎为主要活动器械的一个区域。幼儿先从器械架上把轮胎取出来，然后经过小斜坡、平衡木，到达场地后用轮胎与长梯等辅助器械进行建构，拼搭出可供钻、爬、跳、平衡等多功能玩法的场景。在轮胎区中不难发现有单个轮胎，也有用铁丝捆扎起来的双个轮胎，幼儿或凭自己的能力或通过两人合作的方式把所有轮胎搬运到活动场地，在搭建的时候又需要共同对轮胎进行垒高、组合，活动结束后还得把器械还原，在活动过程中不是一两个幼儿可以完成的，而是幼儿合作的结果。

教师在安排区域活动时也可从设计合作性的游戏、提供可合作的材料以及运用指导语言去引导幼儿开展合作性的活动，促进幼儿合作能力的提高。

六、发展性

体育区域活动的设计是相对稳定的，但又不是一成不变的。教师应根据季节变化及幼儿动作发展状况适当调整活动内容，使体育区域活动更趋灵活，不断发展完善。例如，冬季天气寒冷，可适当增加运动量较大的活动内容（跑跳等）；夏季天气炎热，可适当增加运动量较小的活动内容（平衡等），使幼儿的运动量科学合理。

同时，发展性原则体现了教师预设的内容、材料与幼儿在活动中生成的新需要相互交融，不断变换和发展的观念。在幼儿活动过程中，教师通过细致地观察幼儿参与活动的状态，了解幼儿活动生成的新需要，想办法进一步扩展区域的主题，引导幼儿一物多玩，增加区域活动难度，及时对器械进行添置、更换，不断鼓励幼儿运用已有运动经验去探索、去创新，使幼儿始终保持对区域活动的兴趣。因此，幼儿园体育区域活动是一个动态发展的过程。